KB269635

CSV 이노베이션

하버드 대학 마이클 포터 교수의 '공유 가치 창출' 경영

CSV

CREATING · SHARED · VALUE

INNOVATION

CSV 이 노 베 이 션

후지이 다케시 지음 | 이면헌 옮김

한언

일러두기

- 이 책에 사용된 일본식 표현과 용어는 한국 실정에 맞는 표현과 용어로 교체되었습니다.
- 일본어는 국립국어원의 외래어 표기법에 준하여 표기하였습니다.

시장의 변화를 스스로 리드하는
기업으로 진화할 수 있을까?

오늘날에는 시장의 변화를 빠르게 읽는 패스트 팔로어fast follower*
가 아닌, 시장의 변화를 스스로 만드는 퍼스트 무버first mover(시장 선도
자)가 되어 새로운 영역을 개척해야 글로벌 시장에서 살아남을 수 있
다. 때문에 시장에서 만들어지는 게임의 룰을 '빠르게 추격하는 자'에
서 스스로 시장 창조를 리드해, 게임의 규칙을 새롭게 만드는 '신사업
개척자'를 지향하는 경영자가 늘고 있다. 그렇지만 이는 쉽게 걸을 수
있는 길이 아니다. 그래서 기존 일본 기업의 성공 공식을 만들어 온

---

* 선도자가 개척한 분야를 벤치마크해 보다 저렴한 가격으로 개선된 제품을 내놓는 전략이다.

경영 모델을 근본부터 개혁할 필요가 있다.

기존 일본 기업의 성공 공식은 독자적인 연구 개발 투자에서 시작된다. 고도의 성능을 가진 제품을 출시하고, 시장의 의견을 반영하여 지속적으로 성능을 개선함으로써 이익을 창출하는 식이다. 하지만 이 방식은 이제 신흥국 기업의 맹렬한 기술 추격(catch up)과 사업 진행 속도에 압도당하고 있다. 액정 패널, DVD, 태양광 발전 패널이 그 대표적인 예다. 일본 기업이 압도적 경쟁 우위에 있던 제품과 사업조차 순식간에 '범용화(commodity)'*의 소용돌이에 휩싸였다. 이 같은 현상은 현재도 가속화되고 있다.

대다수 일본 기업들은 이처럼 시장이 변하는 것보다 더 빨리 신제품을 개발하거나 새로운 사업을 기획·추진함으로써 오픈 이노베이션에 대응하고 있다. 하지만 연구 개발이나 신사업을 개발하는 현장에서는 과거의 자전주의自前主義**적 사고로 내수 시장을 중시하는 한계에서 벗어나지 못하고 있다.

이와 같은 상황에서 시장의 변화에 뒤처지지 않고, 주도적으로 변화를 선도하는 글로벌 기업으로 도약하려면 경영 모델을 어떻게 변혁해야 할 것인가? 그 해답이 바로 이 책의 키워드인 'CSV(Creating Shared Value, 공유 가치 창출)'에 있다.

———
* 소정의 제품군의 품질, 기능, 형상, 브랜드 파워 등이 경쟁사의 상품과는 차별화된 특성이 없는 상황이다._옮긴이 주
** 자국 또는 자사가 보유한 자원과 기술만으로 제품을 만들려는 사상이다._옮긴이 주

일본에도 스며들기 시작한 CSV

　CSV는 경쟁 전략론과 국가 경쟁력 연구 분야의 최고 권위자인 하버드 대학의 마이클 포터Michael E. Porter 교수 등이 중심이 되어 제창하는 경영 모델이다. 그는 '경제적 가치를 창조하면서 사회적 니즈에 대응함으로써 사회적 가치도 창조한다'는 관점에서 기업의 가치 창조에 접근하였다.

　일본에서도 CSV를 기업 경영의 키워드로 내세우는 경영자가 늘고 있다. 저자가 종사하고 있는 경영 컨설팅 현장에서는 2012년 들어서부터 일본 기업의 경영진과의 논의 과정에 CSV가 키워드로 등장하는 경우가 급격하게 증가한다는 느낌을 받았다. CSV라는 이름을 쓰는 조직을 신설하는 기업, 신상품 마케팅 콘셉트에 CSV를 활용하는 기업도 증가하고 있다. 이러한 CSV의 놓치기 쉬운 본질이야말로 이 책에서 다루려는 주제이기도 하다.

　CSV의 본질은 글로벌 시장의 급격한 변화에 휘둘리지 않고, 스스로 시장을 창조하는 이노베이션을 추진하기 위한 전략 콘셉트이다. 이 책에서는 제너럴일렉트릭GE, 월마트Walmart, 네슬레Nestle, 구글Google, 버라이즌Verizon 같은 CSV 선진 기업을 사례로 들고 있다. 이 기업들은 2000년대 중반부터 CSV를 통한 혁신적인 신사업 개발을 추진하기 시작하였다. 글로벌 시장을 향한 거대한 신사업 창조와 범용화에 영향을 받지 않는 사업 모델 구축에 한 걸음씩 다가가고 있는 것이다.

한편, 아직 많은 일본 기업은 이와 같은 미국이나 유럽의 선진 기업이 '강력하게' 추진하고 있는 CSV의 전략적 의도에 대해, 안타깝지만 명확하게 인식하지 못하고 있다. 배경 정보를 충분히 갖추기는커녕 숫제 CSV의 개념에 대해서조차 제대로 교육받지 못한 경영자가 대부분이기 때문이다. 이들은 CSV를 일종의 유행처럼, 단순히 'CSR의 연장선상에서 대응한다'라는 한정적 이미지로 인식해 버렸다. 그 결과 CSV를 경영 타이틀로 내세우긴 하지만, 사업 전략 분야의 주요 주제라고 인식하지 못하는 경우가 압도적으로 많다.

새로운 성공의 원천 공식
사회 문제 해결과 새로운 규칙, 조직지組織知*의 결합

CSV 선진 기업들이 중장기 목표를 세우고, 신사업 창조를 준비하려는 움직임을 보이고 있다. 이는 CSV가 급격하게 변화하고 첨단 제품의 범용화가 진행되기 쉬운 글로벌 시장에 적합한 새로운 '성공 공식'이기 때문이다. 이 성공 공식을 구성하는 3가지 요소를 기본 축으로 이노베이션 활동을 추진하는 것이 곧 CSV다.

---

* 조직 내부의 지식·지혜를 포함한 개념이다._옮긴이 주

첫 번째 요소는 사회 문제 해결을 통한 대의명분의 제창이다.

전 세계적으로 진행되고 있는 기후 변화나 자원 고갈과 더불어 선진국에서는 고령화와 노동력 감소가 진행되고 있다. 신흥국에서는 인구의 도시 집중에 의한 인프라 부족이나 환경 파괴 문제가 존재한다. 개도국은 빈부의 격차나 위생 문제 등으로 고통을 겪고 있다. 이처럼 세계적으로 심각한 사회 문제가 기업 입장에서는 차세대의 거대한 이노베이션, 즉 신사업 창조의 아이템이 될 수 있다는 사실에는 이미 의문의 여지가 없다.

CSV 선진 기업은 이러한 심각한 사회 문제 가운데 특정 지역의 문제에서 잠재 시장을 발견한다. 얼핏 달성하기 어렵다고 생각되는 수준의 사회 문제 해결을 목표로 설정하는 것이다. 이른바 CSR 목표를 세우기보다 투쟁심을 가지고 사회 문제에 맞서고 해결하겠노라고 선언하는 식으로 대의명분을 내세우는 것이다.

이러한 대의를 제시하는 힘(감히 '대의력大義力'이라고 부른다)이 구심점이 되어, 가격이 아니라 가치를 통해 고객의 호응을 얻어 낸다. 동시에 기존에 맺었던 비즈니스 파트너와의 한정적인 틀을 넘어 외연을 확장해 나간다. 또한 동일한 목표를 가진 정부 기관이나 NPO(Non Profit Organization) 혹은 NGO(Non Governmental Organization, 이하, 특별한 경우를 제외하고는 NGO로 통일한다), 경우에 따라서는 경쟁사와도 연계한다. 대의명분을 실현하기 위해 '기술 혁신에 머무르지 않고' 오픈 이노베이션을 추진한다.

두 번째 요소는 근본적인 사회 문제 해결을 향한 새로운 질서 혹은 룰rule의 형성이다.

사회 문제를 들여다보면, 대부분 룰이 제대로 정비되어 있지 않거나 기능이 불완전해서 일어났음을 파악할 수 있다. 그렇기 때문에 룰 정비에 따른 새로운 사회 질서 만들기가 사회 문제를 근본적으로 해결하려면 반드시 필요하다. CSV 선진 기업은 대의명분 아래 정부 기관이나 NGO와 연계하여 룰을 변경시키거나 새롭게 만든다. 스스로 견인 역할을 함으로써 새로운 시장 창조를 리드하고, 결과적으로 자사에 유리한 비즈니스 모델을 만드는 것에도 주력하고있는 것이다.

세 번째 요소는 실천을 통해 경험한 암묵지暗默知[*]를 조직 차원에서 형식지形式知[**]로 전환시켜 나가는 이노베이션의 구현 능력 강화이다.

CSV 추진 활동은 성과가 100% 보장되는 획일적인 것은 아니다. 또한 지향하는 경제 가치와 사회 가치는 예측하기 어렵다. 그렇기 때문에 활동의 대부분이 아직 형식지로 전환하기 어려운 암묵지로 구성될 수밖에 없다. CSV 선진 기업은 단기간에 확실하게 성과를 예상할 수 없는 이러한 구조적 한계 때문에 부적절한 제동이 걸리지 않도록 (즉 이노베이션이 촉진될 수 있도록), 조직 내부의 의사 결정 구조나 조직 체제, 신사업 개발 프로세스에 대해서 최고 경영자 스스로 주도권을

---

[*] 암묵지(Tacit Knowledge)는 학습과 체험을 통해 개인이 습득했지만, 겉으로는 드러나지 않는 지식이다._옮긴이 주

[**] 형식지(Explicit Knowledge)는 암묵지가 문서나 매뉴얼처럼 외부로 표출되어 여러 사람이 공유할 수 있는 지식이다._옮긴이 주

가지고 다양한 제도와 시스템의 변혁을 계속하고 있다. 또한 외부와의 네트워크를 한 걸음씩 확대하고, 사내외의 '지知'를 확보함으로써 자사의 이노베이션 역량을 향상시키고 있다.

CSV를 통해 '이노베이션의 딜레마'를
뛰어넘을 수 있을까?

　예로부터 일본 기업은 미국, 유럽 등 선진국 기업의 기술을 따라잡으려고 노력했다. 그러면서 기존 기술을 뛰어넘는 '모노즈쿠리 전략'을 통해 전 세계적으로 통용되는 수많은 이노베이션을 창출하였다. 그렇지만 미국이나 유럽 기업과 어깨를 나란히 하게 된 이후, 세계적으로 반향을 불러일으킨 신제품이나 사업은 자취를 감추고 있다. 게다가 최근에는 신흥국에서 속속 파격적인 이노베이션이 성과를 내고 있다. 그런데도 일본은 과거의 성취감에서 좀처럼 빠져나오지 못하고 있다. 심지어 일본 기업 전체가 '이노베이션의 딜레마'에 빠져 있는 것 같다.

　'CSV를 통한 이노베이션(Innovation through CSV)'이라고 불러야 할 CSV 선진 기업의 경쟁 방식은, 이와 같은 딜레마에 빠져 있는 일본 기업들에 새로운 아이디어를 제공한다. 기존의 경쟁 방식이 통용되지 않고 있지만, 일본 기업들은 새로운 성공 공식을 찾아내지 못하고 있다. 때문에 지금이야말로 CSV로의 도전 가속화를 통한 이노베이션 창출 능력의 재생이 요구된다.

이 책의 구성

이 책에서는 CSR의 연장선이라는 개념에 치우쳤던 기존의 CSV 해설서나 논문 등과 달리, 지금까지 충분히 소개되지 않았던 CSV의 전략적 측면에 초점을 맞추고 있다. 동시에 미국이나 유럽에 있는 CSV 선진 기업의 대응 전략에 관한 고찰을 함께 제시한다. CSV를 통한 이노베이션을 활용해 대규모 신사업을 창조해 나가려는 일본 기업의 '도전을 위한 아이디어'가 될 수 있는 이야기들을 폭넓고 구체적으로 소개하려고 시도하였다.

CSV에 의한 경쟁 방식의 윤곽을 제시하기 위해 GE나 월마트와 같은 대표적 대기업의 사례를 중심으로 소개하고 있다. 하지만 CSV는 결코 세계적 수준의 거대 기업에서만 적용할 수 있는 방식은 아니다. 이 책에서도 소개하고 있는 탐스 슈즈TOMS Shoes는 '벤처 기업이라도 세계를 열광시키는 대의명분과 비즈니스 모델이 있으면 단숨에 세계를 석권할 수 있다'는 것을 보여 준 좋은 사례이다.

제1장에서는 CSV의 정의와 더불어 새롭게 나타나고 있는 CSV를 축으로 한 새로운 경쟁 방식의 경향을 설명한다. 이어서 제2장에서는

일본 기업의 이노베이션 실태를 살펴본 다음, 제3장에서 일본 기업이 적용해야 할 CSV를 통한 이노베이션의 전체상을 소개한다.

제4장에서 제8장까지는 CSV를 통해 이노베이션의 5개 추진 전략 방향의 구체적인 접근법과 관련 사례를 소개한다.

아직 글로벌 시장에서 새로운 경쟁 전략을 찾지 못하고 있는 기업의 최고 관리자나 경영 기획·경영 전략 담당자, 최고 경영자의 기대를 뛰어넘을 만한 신사업을 만들어 내지 못하여 고생하고 있는 R&D·신사업 개발 담당자, 또는 CSR을 전략적 대응으로 승화시키고 싶은 CSR 담당자는 이 책을 꼭 한번 읽어 주기 바란다.

또한 CSV를 비즈니스 영역과 연계하려는 NGO 관계자나 사회 기업가(social entrepreneur), 학술 관계자에게도 참고가 되었으면 한다.

더욱이 이 책은 딜로이트 투쉬 토마츠 리미티드Deloitte Touche Tohmatsu Limited(본서에서는 총칭해서 '딜로이트'로 표기)가 가지고 있는 폭넓고 깊은 식견과 네트워크를 토대로 만들어진 것이다.

딜로이트 투쉬 토마츠 리미티드는 세계 150개국 20만 명의 전문가가 경영 컨설팅·감사·세무·재무 자문을 종합적으로 제공하는 전문 법인 네트워크이다. 세계 유수의 기업이나 NGO, 정부 기관과 광범위한 네트워크를 보유하고 있으며, 환경과 관련된 국제적인 룰 만들기에도 참여하고 있다. 이 법인은 마이클 포터 교수가 창설 멤버인 전략 컨설팅 법인인 모니터 컴퍼니(현 모니터 딜로이트Monitor Deloitte)도 산하에 두고 있다.

또한 저자가 소속된 딜로이트 토마츠 컨설팅 주식회사는 이 책에서 다루는 CSV, 이노베이션, 지속 가능성, 국제 룰 형성 등의 첨단 테마를 축으로 일본 기업의 '불연속 성장' 실현에 주력하고 있다.

딜로이트 토마츠 컨설팅 주식회사

집행임원 파트너 후지이 다케시藤井 剛

이 책은 1990년대 버블 경제 붕괴 이후 세계 경제 무대에서 빛을 잃은 일본 기업들을 위해 쓴 책이다. 필자는 일본 기업들이 전 세계적으로 심각해지는 사회 문제들을 해결하는 데 '전략적으로' 도전함으로써 새로운 경쟁 우위를 획득할 수 있다고 본다. 이 책에 소개된 이노베이션 전략들은 필자가 세계적 컨설팅 회사인 딜로이트에 오랫동안 근무하면서 일본 기업의 경영 컨설팅 프로젝트를 수행할 때 터득한 것이다. 일본 기업들이 장기 불황에 빠진 동안, 역으로 한국 기업들은 눈부신 발전을 거두었음은 말할 필요도 없다. 그래서 이제는 많은 일본 기업들이 한국 기업들을 벤치마킹하고 있다. 이런 상황인데도 한국에서 이 책이 처음 번역·출간된다니 매우 기쁘다.

　이 책의 일본어판은 2014년에 출간되었다. 그 당시 일본에서는 'CSV'라는 키워드가 기업들의 경영·이노베이션 전략을 담당하는 부문에 거의 도입되지 않았다. 그로부터 2년이 흐른 뒤 일부 일본 기업들에서 사회 문제를 해결하기 위한 경영 전략의 본류로서 CSV를 다루려는 움직임이 나타나기 시작했다.

　필자는 이 경향이 '잠깐 반짝거리고 말 것'이 아니라 보편적인, 일본 기업은 물론 한국을 비롯한 모든 국가의 기업에서 필수적인 것이 되리라고 본다. 이 책에 해설된 '대의명분', '새로운 질서 형성능력', '현실 재현 능력' 등 3가지를 높이는 것이 기업 경영의 중요 요소가 되는 시대가 도래하고 있기 때문이다. 한국과 일본이 가지고 있는 문제들에는 유사한 점이 많다. 한 예로 동서고금에 아직 유래가 없는 '고령화'만 하더라도 동아시아에서 시작하는 것이 불가피하다. 이렇듯 동아시아는 지정학적으로 리스크를 포함하고 있는 지역이다. 지금이야말로 어쩌면 'CSV'라는 대의명분을 높이고, 한국과 일본이 공동으로 사회 문제를 해결하기 위해 뜻을 같이해야 할 때이다. 이번에 한국어판을 출판하면서 많은 노력을 기울인 번역자 이면헌 팀장의 성과가 한국 독자들에게 도움이 되고, 또한 한일 양국이 CSV를 연구·추진하는 과정에서 가교 역할을 하기를 기원한다.

도쿄 시부야에서
후지이 다케시

차 례

머리말 ·· 5

시장의 변화를 스스로 리드하는 기업으로 진화할 수 있을까?_5 / 일본에도 스며들기 시작한 CSV_7 / 새로운 성공의 원천 공식: 사회 문제 해결과 새로운 규칙, 조직지組織知의 결합_8 / CSV 를 통해 '이노베이션의 딜레마'를 뛰어넘을 수 있을까?_11 / 이 책의 구성_12

한국어판 서문 ·· 15

제 1 장   CSR의 연장선상이 아닌 CSV

경영 모델에도 이노베이션이 필수 ·· 25

새로운 경쟁 방식을 요구하는
글로벌 경영 환경의 변화 ·· 31

GE의 사회적 가치 창출형 사업 성장 모델_37 / 월마트가 도전하는 '지속 가능성'이라 는 거대 조류_41

CSV를 지지하는 세계적 흐름과 CSV 후진국 일본 ······· 46

글로벌 시장에서의 승리와
생존을 위한 이노베이션 활동인 CSV ·· 56

제 2 장　**일본 기업의 이노베이션 역량 실태**

지속적 성장의 양대 축
'기존 사업의 성장'과 '신사업 창조' —————— 61

2×2 매트릭스 바깥 영역에 대한 충분한 대응 여부 —— 64

일본 기업의 이노베이션 역량과 관련한 슬픈 현실 —— 69

일본의 이노베이션 역량 쇄신 요구 —————— 72

제 3 장　**CSV를 통한 일본 기업의 이노베이션 역량 제고**

전 세계적 사회 문제는 차세대 이노베이션의 원천 —— 81

'FINDER'를 통해 구조적으로 인식하는
글로벌 사회 문제 —————————————— 83

Frontier Science 새로운 과학 기술로 미지의 세계 개척_85 / Information & Communication 정보의 창조·활용·유통·보호 추진_88 / National Harmonization 국가를 초월한 정치·경제 측면에서의 협력과 국제 분쟁_92 / Demographics 인구 변화의 조류와 공생_95 / Economics & Finance 경제·금융 기능의 활용과 제어_100 / Environmental Resource 지구 천연자원 채굴에 따른 피해 극복_102

NGO가 차세대 이노베이션의 출발점 —————— 105

사회성이 강한 기업은
CSV 진화 가능성이 높은 기업 ———————— 109

역량 강화를 위한 일본 기업의 5가지 전략 방향 —— 112

전략 방향1: 새로운 사회 문제를 통한 대규모 시장 발견_112 / 전략 방향2: 경계 초월을 전제로 한 신사업 디자인_114 / 전략 방향3: 스스로 질서 형성에 도전_115 / 전략 방향4: 오픈 이노베이션으로 린 스타트업_116 / 전략 방향 5: CSV 확산을 위한 메커니즘의 시스템화_117

제 4 장 **전략 방향1**
새로운 사회 문제를 통한 대규모 시장 발견

세계적으로 심각한 수준의
사회 문제가 성장 시장을 확대 —————— 121

물 부족을 기점으로 한 사업 기회 사례1: 새로운 물 공급 인프라 시장의 움직임_122 / 물 부족을 기점으로 한 사업 기회 사례2: 절수형 기기 시장의 확대_125 / 물 부족을 기점으로 한 사업 기회 사례3: 심각한 사회 문제인 '식량 부족'과의 융합에 따른 신시장의 재정의_127

사회 문제 융합을 통한 신시장 발굴 —————— 129

관점1: 사회 문제 간 단순 결합으로 인상적인 문제 해결 기회 발굴_132 / 관점2: 현재 추진 중인 사업의 성장 기회로 문제 해결 추가_133 / 관점3: 사회 문제에 대한 새로운 사회 질서 변화 징후에 대비한 시장 선점_135

일상적인 사회 문제로부터 대규모 시장 발굴 —————— 137

관점1: 사회 질서와 관습이 초래하는 불편에서 일상적인 사회 문제 탐색_138 / 관점2: 시장이 열광할 정도의 문제 해결 수준을 설정하여 대규모 시장을 발굴_140

제 5 장 **전략 방향2**
경계 초월을 전제로 한 신사업 디자인

거대한 이노베이션의 배후인 '경계 초월' —————— 145

산업 가치 사슬의 횡단적 사업 모델 구상 —————— 148

3가지 경계 초월을 통한 사업 디자인 —————— 152

3단계 사업 전개 시나리오 구상 —————— 156

제 6 장 　**전략 방향3**

스스로 질서 형성에 도전

CSV를 통한 대규모 신사업 창조와
불가결한 새로운 질서 형성 ———— 161

글로벌 기업이 제시하는 규칙을 활용한 경쟁 방식 ——— 164
듀폰, 환경 관련 규칙을 활용한 시장 창조의 원조_165 / 노보 노디스크, 중국 시장에
서의 질서 형성을 시작으로 새로운 시장 창조_166 / 네슬레, 새로운 질서 형성을 준비
중인 이슬람 시장에서 확고한 기반 다지기_168

질서 형성의 출발점, NGO ———— 173

질서 형성을 추격해 오는 신흥국 ———— 176

제 7 장 　**전략 방향4**

오픈 이노베이션으로 린 스타트업

대기업에서도 필수적인 접근법, 린 스타트업 ——— 181

린 스타트업 가속화에 필수적인
오픈 이노베이션 네트워크 ———— 187
오픈 이노베이션 선진 기업인 P&G가 추진하는 글로벌 '지知' 네트워크_189

NGO와의 오픈 이노베이션이 필수가 된 시대 ——— 192

NGO와의 오픈 이노베이션 교두보,
글로벌 인재 육성 프로그램 ———— 194

지知 네트워크와의 조합으로 사업화 사이클 가속화 ——— 197

제 8 장　**전략 방향5**

CSV 확산을 위한 메커니즘의 시스템화

이노베이션하고 싶다? 하고 싶지 않다? ⋯⋯⋯⋯ 203

의식적으로 이노베이션을 촉진하는 메커니즘 이식 ⋯ 205

솔루션①

이노베이션 투자 매니지먼트 혁신 : 선택에서 개선과 보완으로 ⋯⋯⋯⋯⋯ 208

이노베이션에 의식적으로 투자하는 포트폴리오의 필요성_209 / 기존 사업과 전혀 다른 관점의 투자 평가 필요성_210 / GE 글로벌 리서치 센터의 투자 매니지먼트 구조_213 / 실패에서 학습을 장려하는 조직 문화를 양성하는 P&G의 이노베이션 경영_214 / 일본 대기업 상사가 정하는 투자 평가 기준_215

솔루션②

이노베이션 추진 조직 체제 혁신 : 사내 특구의 필요성 ⋯⋯⋯⋯⋯⋯ 217

프로듀서형을 지향해야 하는 이노베이션 추진 조직_218 / 기존 사업의 연장이 아닌 신사업 창조에 필수적인 사내 특구_223 / 사내 특구 배치 경향1: 자사 NGO 설립과 특구로의 응용_225 / 사내 특구 배치 경향2: 사회 문제 선진 지역에 글로벌 시장 대상 거점 설치_228 / 사내 특구 배치 경향3: 세계적인 이노베이션 센터 설치_230

맺음말－진정한 CSV 경영으로의 진화를 향해 ⋯⋯⋯⋯⋯ 234

경영 철학 자체는 진화할 수 있을까_234 / CSV 경영의 여정_236 / 구성원의 '열광'을 끌어내는 새로운 조직 구심력을 가져다주는 진정한 CSV 경영으로_239

감사의 말 ⋯⋯⋯⋯⋯⋯⋯⋯⋯⋯⋯ 242

참고문헌 ⋯⋯⋯⋯⋯⋯⋯⋯⋯⋯⋯ 244

옮긴이의 말 ⋯⋯⋯⋯⋯⋯⋯⋯⋯ 249

제1장

CSR의 연장선상이 아닌 CSV

경영 모델에도 이노베이션이 필수

최근 일본에서도 기업 경영 키워드의 하나로 'CSV(Creating Shared Value, 공유 가치 창출)'가 널리 주목받기 시작했다. 이에 따라 새롭게 담당 부서를 만들고 전담 인력을 배치하거나, CSV를 신상품의 마케팅 콘셉트로 활용하는 등 구체적 활동을 준비하는 기업 역시 증가하는 추세이다.

CSV는 경쟁 전략 이론과 국제 경쟁 우위 연구로 잘 알려진 하버드 대학의 교수 마이클 포터 등이 중심이 되어 제창한 경영 모델이다. CSV 모델은 '사회적 가치'와 '공통선共通善'이 근간을 이룬다. 2006년 마이클 포터는 사회적 가치에 주목, 《전략과 사회: 경쟁 우위와 기업의 사회적 책임CSR의 연결》을 발표한다. 그 5년 후인 2011년에는 이를 좀 더 발전시킨 《공유 가치를 창출하라: 자본주의를 재창조하는 방법과 이노베이션 및 성장 흐름을 창출하는 법》을 발표하였다.

마이클 포터는 본래 경쟁에서 이기고 '기업'의 이익을 최대화하기 위한 전략 이론, 즉 '경쟁 전략론'을 지속적으로 주창해 왔다. 그런 그가 "기업 본래의 목적을 단순한 이익 추구가 아니라 공유 가치의 창출로 재정의해야 한다"라고 말한 것이다. 일부 경영학자들은 "포터조차 사회적 가치를 언급하는 시대다"라며 놀라워한다. 이에 따라 가치를 기업 경영의 근간으로 인식하는 흐름이 본격적으로 시작되고 있다.

기업의 가치 창조 측면에서 접근한 CSV의 정의는 다음과 같다. '경제적 가치를 창조하는 동시에 사회의 니즈에도 부응해 사회적 가치까지 창조한다.'

역사적으로 볼 때, NGO처럼 사회적 가치를 추구하는 사회적 영역(social sector)과 경제적 가치를 최우선으로 하는 기업 부문(business sector)은 오랫동안 대립의 시기를 거쳤다. 하지만 기업의 사회적 책임(Corporate Social Responsibility, CSR)에 대한 인식과 관련 활동이 확산되면서, 점차 사회적 가치가 '보호받는' 시대를 맞이하게 되었다. 그리고 2000년대 이후는 사회적 영역과 경제 부문이 공동의 가치를 새로이 만들어 내는 '공동 창출'의 시대가 되었다(도표 1-1).

20세기 내내 지속되어 온 대립의 시대에 기업 부문의 최우선 과제는 수익이었다. 이 시기에는 사회 문제로 인해 발생하는 비용(cost)

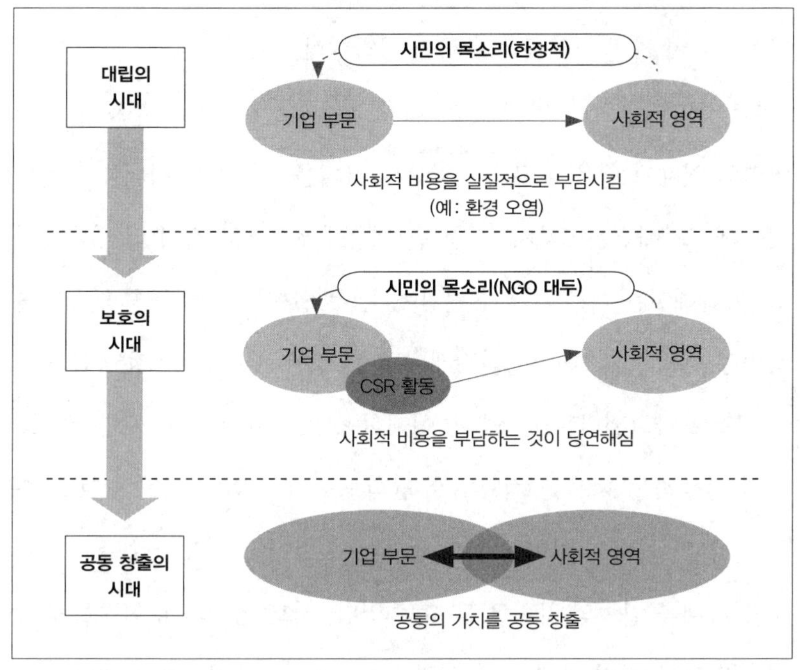

중 공공 부문(public sector)에서 감당할 수 없는 문제들이 일방적으로 사회적 영역에 부과되었다. 예를 들면 기업 활동으로 인해 발생한 공해는 사회와 기업이 대립하도록 만들었다. 그리고 이때부터 이미 미디어 등에서는 기업의 사회적 책임을 빈번하게 다루었다. 게다가 1990년 무렵을 경계로 급속한 산업화가 지구 환경 파괴의 원인이라는 사실이 과학적으로 규명되었다. 또 미국과 유럽 기업의 글로벌화가 급속하게 진행되면서, 선진국과 개도국의 빈부 격차 역시 조명을 받았다. 이런 일들이 배경이 되어 이른바 CSR 활동이 기업의 중요 과제로 떠오르게 되었다. 이에 따라 기업은 사회 문제 때문에 발생하는

비용을 사회 영역과 나누어 부담하고, 그 행위를 적극적으로 사회에 알림으로써 기업 가치를 보호하기 시작했다.

이런 경향은 2000년대 들어 더욱 가속화된다. 기업 부문과 사회 영역의 연계가 더욱 공고해져 공통의 가치를 창출하는 시대에 접어든 것이다. 그 배경은 2가지다. 첫 번째는 세계적으로 점점 더 거대해지고, 복잡해지는 사회 문제가 원인이다. 두 번째는 본래 규칙과 규범을 정비해 사회 문제 해결에 앞장서야 하는 정부(특히 선진국 정부)의 힘이 급속도로 약화된다는 데 있다. 이러한 상황에서 기업은 사회 문제로 인해 발생하는 비용을 적당히 부담함으로써 기업 가치를 보호할 수 있다. 뿐만 아니라 이미 정부의 통제에서 벗어난 심각한 수준의 사회 문제 자체를 일종의 기회로 볼 수도 있다. 사회 영역과의 협력을 통해 전 세계적 차원의 사회 문제 해결에 도전하고, 그럼으로써 새로운 가치를 '공동 창출'하려는 자세가 요구되는 것이다. 그리고 CSV는 바로 이 공동 창출의 시대를 대변하는 일종의 키워드이다.

CSV는 CSR과 함께 비교해 언급되는 경우가 많다. 일반적으로 CSR은 기업 전략과는 별개로 자리매김해 왔다. 따라서 기업 본연의 업무 진행과는 다른, 별도의 예산으로 수행된다고 인식되는 편이다. 반면 CSV는 기업 경쟁력 강화에 필수적이며 동시에 이익 창출의 원천으로 정의된다. 즉, CSR에서는 기업이 사회의 일원으로서 '선행善行'을 하는 것이 최종 목표가 된다. 하지만 CSV에서는 사회적 가치와 경제

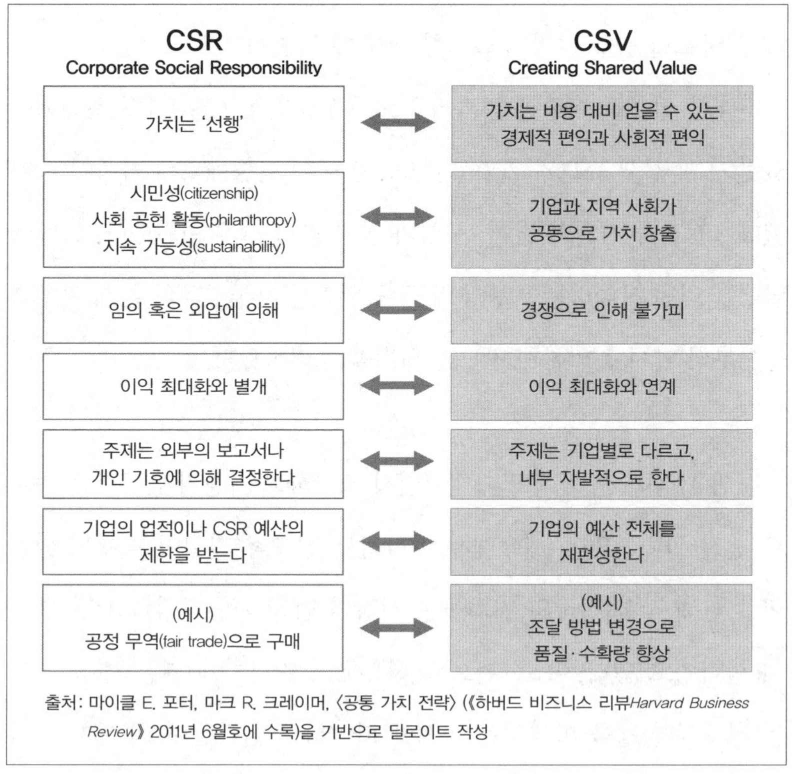

출처: 마이클 E. 포터, 마크 R. 크레이머, 〈공통 가치 전략〉(《하버드 비즈니스 리뷰*Harvard Business Review*》 2011년 6월호에 수록)을 기반으로 딜로이트 작성

적 가치를 동시에 창조하는 것이 필수적이다(도표 1-2).

이러한 시대적 인식과 CSR과의 비교를 통한 정의 때문에 CSV를 CSR의 연장선상에 있는 개념으로 바라보는 경향이 있다. 하지만 이는 CSV의 본질을 잘못 이해한 것이다. 앞으로 좀 더 자세히 설명하겠지만 CSV는 기업의 전략적 활동이다. CSV는 글로벌 경쟁 환경 아래 시장의 급격한 변화에 말려들지 않고 스스로 시장을 창조하고 리드하기 위한 이노베이션이다.

21세기 이후 선진국 기업은 지금까지의 경쟁 방식이 전혀 통하지 않는 '글로벌 경영 환경의 급격한 변화'에 직면했다.

거대한 신흥국 시장이 본격적으로 형성되면서 1990년대 정체되어 있던 세계 경제 규모가 2000년대 중반 들어 단숨에 2배 가까이 증가했다. 그 결과 정치와 경제 두 힘의 균형 역시 크게 변화했다. 그중에 발생한 리먼 사태라는 미증유의 금융 위기는 자본주의의 존재 자체를 근본부터 다시 논의하게 만드는 상황을 초래하였다.

경쟁 시장이 전 세계로 확대되면서 조잡하고 거칠지만 무서운 속도로 선진국의 기업을 계속해서 따라잡는 신흥국 기업이 대두되었다. 이로 인해 각 선진국의 기업들은 시장의 범용화와 경쟁력 기반 침하에 헐떡이고 있다. 또 한편으로 신흥국의 지나치게 빠른 성장 속도는 지구의 환경을 파괴하는 동시에 다양하고 심각한 사회 문제를 야기했다. 그 결과 각국 정부가 감당할 수 없는 사회 문제의 해결사로 NGO가 떠오르고 있다. 이들의 존재감은 때에 따라서는 대기업까지 능가할 정도이다.

이미 시대는 기존의 경영 모델이 통용되지 않을 정도로 변했다. 기업의 경영 방식을 근본적으로 바꿔야 할 때가 온 것이다. 그리고 그 변화의 주축이 되는 개념이 바로 CSV이다.

새로운 경쟁 방식을 요구하는
글로벌 경영 환경의 변화

　오늘날까지도 많은 일본 기업이 기존의 경쟁 방식을 고집한다. 이런 이유로 21세기 이후 격변하는 경영 환경에 대응하지 못하고 이리저리 휩쓸리고 있다.

　특히 일본을 대표하는 전자 산업에서 이런 현상이 심각하게 나타난다. 디램DRAM 메모리를 시작으로 액정 패널, DVD 플레이어, 태양광 발전 패널, 차량 내비게이션 같은 전자 제품이 그 예다. 당초 일본 전자 제품은 높은 기술력으로 압도적인 시장 점유율을 자랑하고 있었지만, 불과 수년 만에 한국과 중국 같은 신흥국 기업의 캐치업Catch up 전략과 저가 공세에 밀려 순식간에 시장을 잃었다(도표 1-3).

　이것은 제품 수명 주기(Product Life Cycle, PLC)가 짧아지고 있기

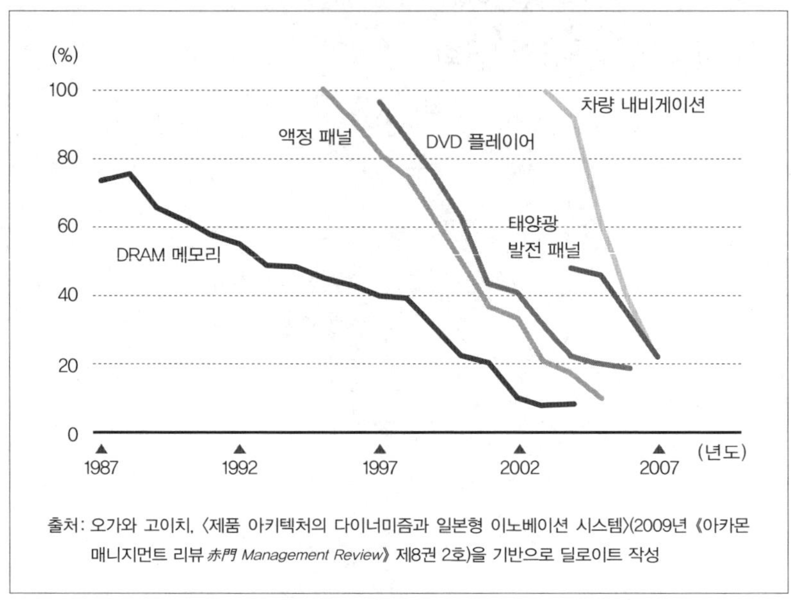

〈도표 1-3〉 일본 기업의 전자 제품 세계 시장 점유율

출처: 오가와 고이치, 〈제품 아키텍처의 다이너미즘과 일본형 이노베이션 시스템〉(2009년 《아카몬 매니지먼트 리뷰 *赤門 Management Review*》 제8권 2호)을 기반으로 딜로이트 작성

때문이기도 하다. 일본 기업은 동일 제품 카테고리 내에서 기능 개선 경쟁에만 몰두하는 경향이 있다. 하지만 PLC 단축으로 투자 대금을 미처 회수하기도 전에 경쟁 기업이 추월함으로써 단숨에 점유율이 하락한다. 일본 경제산업성 산하 '이노베이션 에코 시스템 연구회'의 분석에 따르면 일본 전자 기업의 연구 개발비와 영업 이익은 반비례 관계에 있다. 이른바 '연구 개발에 투자할수록 손해'라고 하는 안타까운 상황에까지 이른 것이다.

일본의 기업들은 대부분 독자적인 연구 개발 투자로 성능이 고도로 개선된 제품을 한발 먼저 시장에 출시한다. 이후 지속적으로 시장의 의견을 수렴함으로써 개선된 제품을 통해 이익을 창출하고 투자비를 회수하려 한다. 하지만 기존의 이런 경쟁 방식은 이미 시장에서 통용되지 않고 있다.

딜로이트에서는 이 문제를 좀 더 구체적으로 살폈다. 그리고 최근 경쟁 환경에서 일본 기업이 수익을 얻을 수 있는 기간이 점차 짧아지고 있는 이유가 3가지 메커니즘 때문이라고 보았다(도표 1-4).

기술력에서는 일본이 경쟁 우위에 있다. 하지만 한국과 중국 기업이 소비자 니즈에 잘 맞는 제품을 짧은 주기로 시장에 투입하기 시작하면서, 신제품 경쟁이 날로 격화되고 있다. 그 결과 다음과 같은 3가지 현상이 일어나고 있다.

<도표 1-4> 제2 죽음의 계곡에 의해 신제품의 수명 주기 단축 심각

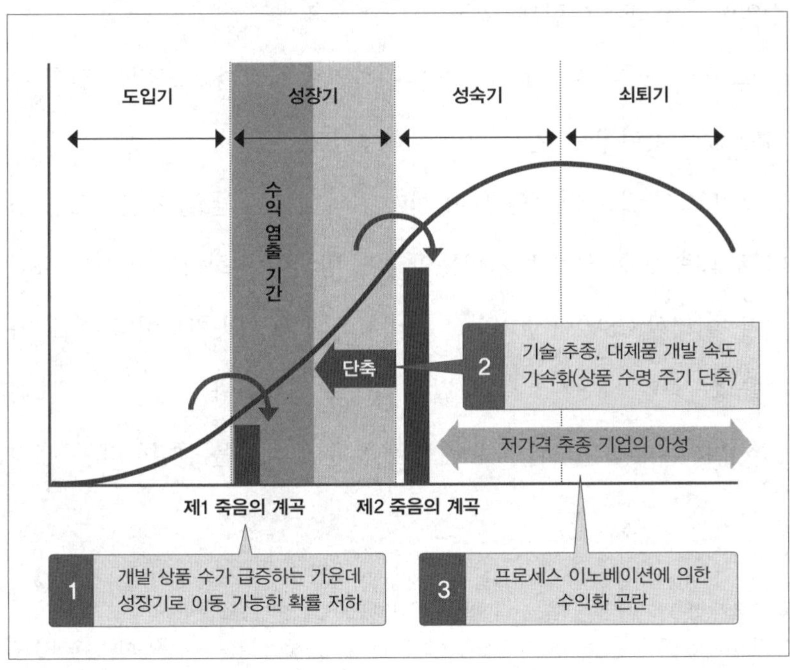

첫 번째, 이른바 '죽음의 계곡(chasm)[*]'을 넘어 성숙기에 이르기 전에 신제품의 수명이 다할 확률이 증가하였다.

두 번째, 운 좋게 빨리 개발해 시장에 보급할 수 있었던 제품이라도 신흥국 기업들의 맹렬한 기술 추월이나 가격 할인, 저렴한 유사품을 재빨리 개발하는 상황과 부딪칠 수 있다. 이 경우 최대 이익을 얻을 수 있는 시기가 급격히 짧아져 투자 회수 기간 중에도 성장을 지속할 수 없는 사태가 발생한다. 이것이 '제2 죽음의 계곡'이다.

세 번째, 성숙기에서도 일정한 시장 점유율을 유지한 제품 역시 대담한 저가격 전략으로 도전하는 추격자(follower)의 공세에 밀린다. 이때는 단순한 기존 프로세스의 이노베이션만으로는 감당할 수 없어 수익이 발생하기 어렵게 된다.

오늘날 이러한 3가지 역풍을 맞이하면서 심각한 소모전을 펼칠 수밖에 없는 것이 많은 일본 기업의 현실이다.

그리고 이 같은 현상을 보며 절대 간과해서는 안 될 것은 GE나 월마트, 네슬레 등 글로벌 기업들의 경쟁 방식이 변화하고 있다는 사실이다. 이러한 CSV 선진 기업은 소비자에게 제품의 기능이나 품질, 가격을 소구訴求[**]하면서 다음과 같은 활동도 병행한다.

첫 번째, 제품의 보급을 통해서 사회 문제 해결을 실현한다는 '대의

---

[*] 첨단 기술이나 어떤 상품이 개발되면 초기 시장에서 주류 시장으로 진입하기 전까지 일시적으로 수요가 정체되거나 후퇴하는 단절 현상을 거치게 된다는 것이다._옮긴이 주
[**] 광고나 판매에서 상품을 선전하고 상대방에게 사고 싶은 마음이 일도록 하는 일이다._옮긴이 주

명분'을 드높이 내세운다. 그리고 이 매력을 통해 고객뿐 아니라 정부 기관이나 NGO 등 사회를 구성하는 다양한 참여자들을 대의명분 아래 결속시킨다.

두 번째, 사회 문제 실현을 촉진하기 위한 혁신적 사업 모델이나 룰을 제창하고, 새로운 사회 질서를 강력하게 구축하는 일에 도전한다. 그리고 이를 통해 경쟁 기업이 제품의 기능이나 품질, 가격으로 경쟁하려는 시도를 무색하게 한다. 또한 범용화가 진행되는 시장에서도 수익이 발생하는 기간을 유지하고 확대해 구조적인 경쟁 우위의 틀을 새로이 만들어 내는 도전을 하고 있다(도표 1-5).

지금까지 전통적으로 기업은 시장 내부의 특정 고객에게 초점을 맞추고, 한정된 자원을 최대한 활용하는 방법을 택했다. 자사의 제품이

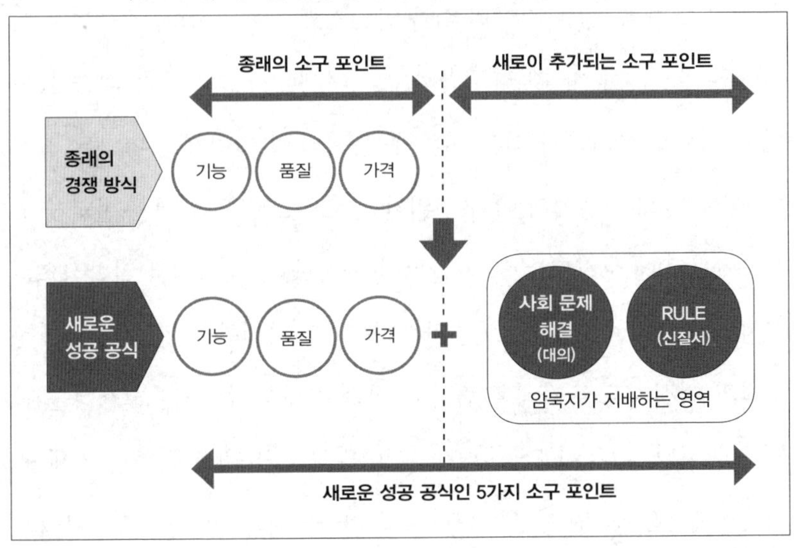

〈도표 1-5〉 새로운 '성공 공식' 실현을 위해 필요한 소구 포인트

나 솔루션의 기능과 품질, 가격을 핵심 고객의 니즈에 맞추어 감으로써 시장을 점유하는 경쟁 방식이다. 이 경우 NGO와 같은 사회 영역과의 연계는 CSR 활동으로 자리매김한다. 따라서 본업의 경쟁 방식에 포함되지 않고 외부에 자리하게 된다.

한편, CSV 선진 기업이 도전하고 있는 새로운 경쟁 방식의 근간은 바로 사회 전체에서 일으키는 이노베이션이다. 사회 문제를 해결해 '보다 좋은' 사회 만들기를 제창하는 것이다. 그리고 그 대의명분에 열광하는 다양한 참여자(정부 기관, NGO, 고객, 소비자, 경우에 따라서는 경쟁 기업도 포함)와 더불어 새로운 시장을 창조하고, 사회 전체에서 이노베이션을 창출한다. 이때 구상해야 할 사업 모델은 다양한 참여자가 포함되기에 복잡해진다. 따라서 한 번에 한 가지밖에 실행할 수 없는 기업보다 고도의 경영 모델을 실행할 수 있는 선진 기업일수록 경쟁 시 선택할 수 있는 전략의 수가 압도적으로 증가한다.

더욱 주목해야 할 것은 지금까지는 경쟁에서 승리하기 위한 조건이 명확하게 드러나기 쉬운 이른바 '형식지'의 영역에 있었다는 점이다. 이에 반해 경쟁에서 이기기 위한 새로운 조건은 쉽게 구현되거나, 성과가 100% 보장되는 조직 활동이 아니다. 현시점에서 일반적으로 정형화와 모방이 어려운, 이른바 '암묵지'가 지배하는 활동이다. 이를 조직의 형식지로 조기에 확립하고 계속 강화할 수 있는 시스템을 만들어야 한다. 그것이 가능한 기업이야말로 CSV를 추진하기 위해 조직 능력을 압도적인 수준으로까지 끌어올렸다고 할 수 있다. 그리고 이는 조직력 측면에서 다른 기업에 비해 '경쟁 우위를 지속적으로 확립'하는 것으로 이어질 수 있다.

GE의 사회적 가치 창출형 사업 성장 모델

GE의 CEO 제프 이멀트는 2005년에 친환경 신조어인 '에코매지네이션Ecomagination'을 처음 도입하였다. 에코매지네이션은 '생태학(Ecology)' 그리고 '경제(Economy)'에서 'Eco'를 따고, GE의 슬로건인 '상상을 현실로(Imagination at work)'의 '상상(Imagination)'을 융합한 합성어이다.

동시에 이멀트 회장은 '그린 이즈 그린Green is Green'이라는 키워드도 제시하였다. 첫 번째 Green은 '환경'이며, 두 번째 Green은 녹색 잉크로 인쇄되는 '달러화'를 의미한다. 즉 '환경은 돈이 된다'는 메시지이다. 혁신적인 기술이나 제품, 서비스 제공을 통해서 환경 문제를 해결한다는 것이다. 이는 곧 막대한 이익과 함께 지속적인 성장도 가능하게 할 것이라고 이멀트 회장은 생각했다.

이멀트 회장이 에코매지네이션을 주창할 당시, 조지 W. 부시 정권은 2001년 합의한 기후 변화 협약인 '교토 의정서'에서 이탈했다. 이

---

* 1997년 12월, 일본 교토에서 개최된 지구 온난화 규제와 방지를 위한 국제협약으로, 39개국이 2010년까지 이산화탄소 등 온실가스를 1990년 기준으로 2.5%까지 의무적으로 감축하기로 한 것이다._옮긴이 주

후 온실가스 감소 의무 불이행은 물론, '교토 의정서'를 이을 국제 협약의 기본 작업 역시 참가하지 않고 있었다. 게다가 GE의 고객 중에는 온실가스 감축이 의무화되면 엄청난 비용을 부담해야 하는 이들이 많았다.

따라서 당연히 에코매지네이션은 처음부터 GE 내부와 사외에서 모두 수용되기 어려운 개념이었다. 최초 에코매지네이션을 사내에서 발표하였을 때 35명의 임원 중에서 이 개념에 찬성하는 사람은 겨우 5명뿐이었다고 한다. 특히 이 개념과 충돌할 수 있는 거대 에너지 사업과 관련된 부문에서 애매한 태도를 취했다. 이는 직원들 역시 마찬가지였다.

사외의 반응은 더욱 냉담했다. 《파이낸셜타임즈》는 '녹색에 걸린 GE의 운명(GE gambling on green)'이라는 제목 아래 이멀트 회장이 역사적인 도박을 시도한다는 기사를 게재하였다. 애널리스트들 사이에서도 "GE의 사업에 타격을 입혀 경제적으로 마이너스 영향을 줄 것이다"라고 경고하는 목소리가 우세했다.

그러나 이멀트 회장은 단기적 시각에 의거한 이런 비판 때문에 주춤하지 않았다. 그는 오히려 '환경 문제'라는 전 세계가 안고 있는 최대 사회 문제를 해결하기 위해 GE가 선도적 역할을 해야 한다고 생각했다. 그것이 바로 GE가 경쟁 우위를 유지하는 것은 물론, 더욱 확대 가능한 사업도 크게 성장시킬 수 있는 방법이라고 여겼다. 그래서 강력한 리더십으로 스스로 개척자가 되려 했던 것이다.

에코매지네이션을 달성하기 위해 GE가 세운 주요 목표는 다음 4가지로 정리할 수 있다.

① 친환경 기술을 개발하기 위해 연구 개발비를 2005년 7억 달러에서 2010년 15억 달러로 2배 늘린다.
② 에코매지네이션 관련 제품의 매출을 최소 200억 달러로 확대한다.
③ 온실가스 배출량을 줄이고, GE 사업 활동의 에너지 효율을 개선한다.
④ 항상 정보를 공개한다.

이 같은 목표를 달성하기 위해 GE는 2008년 리먼 사태 직후에조차 연구 개발에 대한 투자를 줄이지 않았고, 그 결과 당초의 목표를 충분히 달성할 수 있었다. GE가 환경 관련 사업으로 전 세계에서 달성한 매출은 에코매지네이션 개시 직전인 2004년에는 100억 달러(전사 대비 8%)에서 2011년 210억 달러(전사 대비 14%)로 2배 증가하였다. 실제로 에코매지네이션에 의해 10조 원이 넘는 성장을 실현한 것이다(도표 1-6).

원래 GE는 2002년 환경 NGO의 강력한 항의를 받기 전까지는 동종 업계의 다른 기업과 다를 것이 없었다. 오랫동안 자사 공장에서 배출되는 유해 폐기물을 하천으로 그대로 방출하고 있었던 것이다. 당

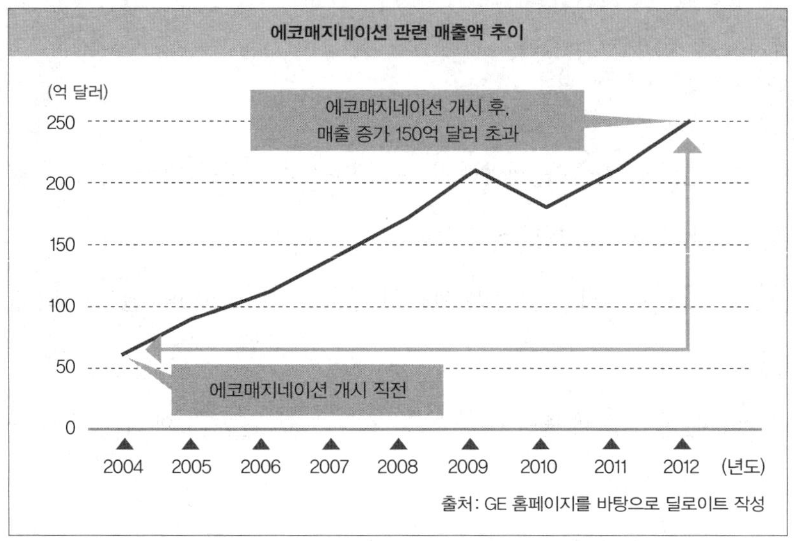

시 기준으로는 합법이었지만, 이로 인해 NGO와는 대립하게 되었다.

당시 GE가 내세운 에코매지네이션을 바라보는 자본 시장의 시선은 회의적이었다. 하지만 GE는 그들이 내세운 '지구 환경 문제 해결'이라는 대의명분 덕에 많은 환경 NGO의 협력을 얻을 수 있었다. 그리고 NGO들을 통해 환경 보호를 추진하는 전 세계 정부와 시민의 동의까지 얻을 수 있었다.

2007년에는 이 대의명분하에 미국 기후 행동 파트너십(U.S. Climate Action Partnership, USCAP)이라고 하는 NGO를 미국과 유럽 주요 9개 기업 및 4개 환경 NGO와 함께 시작했다. USCAP는 미국 정부에 미국 산업계의 온실가스 삭감 목표 도입이나 총량 제한에 의한 이산화탄소 배출권 거래(Cap&Trade) 시스템 도입을 권고하였다. GE는 미국 시장에 새로운 규칙을 도입하고, '신질서' 형성을 스스로 이끌어 냈다. 환경 시장을 확대하고 그 안에서 경쟁 우위를 점하기 위한 것으로 볼 수 있다. 탄소 배출권 거래 시스템 도입 자체는 고전하였지만, 결과적으로 오바마 정권이 그린 뉴딜을 내세움으로써 환경 사업을 위한 다양한 촉진·보조 정책을 이끌어 내는 데 성공하였다(또한 이멀트 회장은 2011년 오바마 정권의 경제 자문 기관 의장에 취임하였다).

에코매지네이션에 의한 GE의 성장은 바로 '경제적 가치를 창조하는 동시에 사회의 요구에도 대응함으로써, 사회적 가치까지 창조한다'는 CSV의 전형이라고 할 수 있다. 여기서 주목해야 할 점은 GE가 환경 문제 해결이라는 대의명분 아래 모인 다른 참여자와 더불어 새로운 사회 질서 창조를 스스로 이끌었다는 것이다. 이는 환경 시장 확대와 GE의 경쟁 우위 강화를 추진하는 새로운 '경쟁 방식'이다. 이 경쟁 방식이야말로 바로 '경쟁 우위 원천으로서의 CSV'이며, 글로벌 시장에서 지속적인 경쟁 우위를 계속 만들어 가기 위한 새로운 경영 모델이라고 말할 수 있다.

월마트가 도전하는 '지속 가능성'이라는 거대 조류

2005년 말, 월마트는 자사가 집중하는 사회 문제로 환경 문제를 들고나왔다. 월마트는 유력 환경 NGO와 협력해 이 문제에 전 세계적으로 대응하기 시작하였다. 이 같은 활동을 시작하게 된 계기는 다양하다. 먼저 매장에서는 저임금 노동이 문제가 되었다. 물품 공급 업체나 제조 현장에서 아동 노동력 착취나 수질 오염 같은 사회 문제를 방치해 사회 영역에서 질타를 받았다. 그리고 이것이 고객 유출로 이어져 기업 이미지까지 하락한 것이다.

이를 극복하기 위해 현재의 월마트가 내세우고 있는 목표는 크게 다음 3가지다(도표 1-7).

① Clean Energy(100% 재생 가능 에너지로 점포 운영)
② Zero Waste(폐기물 제로)
③ Sustainable Product(사람이나 환경에 지속 가능한 상품 판매)

월마트는 이러한 목표를 달성하기 위하여 환경 문제 해결이라는 대의명분하에 전 세계 10만 개에 이르는 거래처를 대상으로 프로그램을 운영하고 있다. '월마트 온실가스 감축을 위한 공급사 이노베이션 프로그램(Walmart GHG Supplier Innovation Program)'과 '월마트 공급자 에너지 효율화 프로그램(Walmart Supplier Energy Efficiency Program)' 등이 그것이다. 그중에서도 특히 주목해야 할 것은 지속 가능 컨소시엄(The Sustainability Consortium, TSC) 활동이다. TSC는 월마트 등 대형 소매 기업이 취급하는 전 제품에 대한 방대한 양의 지속 가능 정보를 수집·분석한다. 또한 지속 가능 제품(Sustainable

<**도표 1-7**> 전 세계 공급사를 대상으로 한 월마트의 환경 이노베이션

월마트가 제시하는 지속 가능성 목표		
① Clean Energy	재생 가능 에너지	장기적으로 재생 에너지 비율 100% (2012년 현재: 21%)
	물류 효율	2015년까지 물류 효율 2배 (2005년 대비) (2012년 현재: 80% 개선)
	GHGs 배출	GHGs 20% 삭감 (2005년 대비) (2012년 현재: 기 달성)
② Zero Waste	매립 쓰레기	2025년까지 미국 매장의 매립 쓰레기 '0' (2012년 현재: 80.9% 삭감에 성공)
	플라스틱 쇼핑백 쓰레기	2013년까지 플라스틱 쇼핑백 쓰레기 33% 삭감 (2012년 현재: 기 달성)
	음식물 낭비	2015년까지 음식물 낭비 10% 이상 삭감(2009년 대비) (2012년 현재: 영국에서 3,500톤 삭감)
③ Sustainable Product	공급사 환경 감사	2012년까지 공장 95%에서 환경 감사 엄격화 (2012년 현재: 기 달성)
	수산물 인증	미국 매장에서 MSC(해양 관리 협의회) 등 수산물 인증 필수화 (2012년 현재: 97% 취득)
	팜유 인증	2015년까지 PB 상품의 팜유(Palm Oil) 인증 필수화 (2012년 현재: 20% 인증, 2012년 대규모 권익 획득)

Product)을 정의하는 지속 가능 지수(Sustainability Index)를 측정하기 위하여 세계 유력 글로벌 소매 기업과 공급처, 대학, 정부 기관 등으로 구성되어 있다(도표 1-8).

TSC가 구축하려는 지속 가능성 측정·보고 시스템(Sustainability Measurement Reporting System, SMRS)은 각 제품의 수명 주기(원재료-가공-제조-조립-포장-유통-사용-폐기)와 환경에 영향을 미치는 요소(CO_2, 에너지, 물, 토지·토양, 폐기물 등)의 영향력을 가시화하는 장대한 작업이다. 딜로이트 미국 지사에서 이 프로그램을 추진하고 있다.

월마트는 2013년에 이미 지속 가능 지수를 활용하기 시작했다. 그

〈도표 1-8〉 TSC가 추진하는 SMRS

TSC의 개요

제품 수명 주기와 환경에 미치는 영향을 측정·보고하는 시스템 설계가 목적이다. 2009년 월마트(현재는 회원 기업으로 자리매김)의 주도 아래, 공급처, 소매 기업, NGO, 대학, 정부 기관 등이 공동으로 설립했다.

TSC 주요 멤버

월마트	유니레버	삼성	난징 대학
테스코	로레알	HP	탄소정보 공개 프로젝트
베스트바이	맥도널드	듀폰	(CDP : Carbon Disclosure Project)
크로거	펩시코	존슨 앤드 존슨	세계자연기금
스머커즈	코카콜라	아칸소 대학	(World Wildlife Fund, WWF)
P&G	카길	애리조나 주립 대학	

출처 : TSC 홈페이지를 바탕으로 딜로이트 작성

리고 2017년 미국 내 전 매장에서 판매하는 상품의 지속 가능 지수 적용 비율을 70%까지 높이겠다고 선언했다. 이른바 TSC를 매개로 월마트가 추진하는 지속 가능 지수에 대응할 수 없는 기업과 제품이 월마트의 상품 진열장에서 사라지는 시대가 된 것이다. 또한 EU에서도 집행 위원회 환경 총국이 주관해 TSC가 제정한 지속 가능 지수와 비슷한 제도를 도입하는 방안이 추진되고 있다. 월마트가 세계의 모든 업계 표준(Defact Standard)[*]이 될지는 현재 시점에서 단언할 수는 없다. 하지만 적어도 전 세계적으로 커다란 움직임이 일고 있다는 사실은 알 수 있다.

이와 관련하여 2014년 3월 말 현재, TSC에 참여한 글로벌 기업과

---

[*] 국제 표준에는 없지만 사실상 시장에서 거의 표준으로 인정받고 있는 기술이다. _옮긴이 주

정부 기관 등은 115개에 이르고, 참여 기업 매출 총계는 1500조 원을 넘었다. 하지만 여기에 일본 기업은 단 1곳도 포함되어 있지 않다. 월마트의 이러한 세계적인 '도전'에 대한 인지도가 일본에서는 매우 낮다고 할 수 있다.

2013년 가을에 TSC는 아시아 최초로 중국 난징 대학에 거점을 정했다. 이로 인해 머지않은 미래에 이를 통해 중국이나 그 외 아시아 기업들이 지속 가능한 성장을 가속화해 일본 기업을 단숨에 추월할 가능성 역시 부정할 수 없다.

또 TSC는 미래 소매점의 콘셉트로 재활용 고무(Recycle Rubber)를 활용한 마루(flooring) 시공이나, 지속 가능 제품의 정보를 확인하기 쉬운 집기와 사이니지signage를 활용하는 등, 매장의 내부 모습도 제시하고 있다. 그 외에도 온실가스 절감을 위해 점포에 납품하는 트럭의 타이어 재질까지 제한할 만큼 그 영향력을 확대하고 있다.

월마트는 환경이라는 대의명분 아래 기업 브랜드의 이미지를 높이는 동시에, TSC를 매개로 전 세계적으로 새로운 질서를 만들어 가고 있다. 이를 통해 포터의 5가지 경쟁 요인 중 구매자의 협상력을 압도적으로 높이고, 경쟁 우위를 더욱 강화한다고 말할 수 있다.

최근 '스마트 시티Smart City'에 관한 다양한 표준화 논의가 국제 표준화 기관에서 진행되고 있다. 만약에 TSC가 환경에 중점을 두고 '스마트 시티에 존재하는 소매 점포'의 표준화를 추진한다면 따라올 수 없는 다른 소매 기업도 나타날 것이다.

CSV를 지지하는 세계적 흐름과
CSV 후진국 일본

지금까지 설명한 대로 'CSR의 연장선상이 아닌, 글로벌 시장에 적합한 새로운 경쟁 방식으로서의 CSV'를 필수적으로 도입하는 기업이 늘어날 가능성이 높다. 이런 흐름은 기업을 둘러싼 소비자, 투자자, NGO 등 3대 이해관계자(Stakeholder)가 CSV를 지지하면서 더욱 촉진된다. 다음은 CSV 도입을 강력히 지지하는 기업의 3대 주요 이해관계자 동향을 소개한 것이다(도표 1-9).

더불어 여기서 주목해야 할 것은 이 모든 움직임에서도 일본이 '후진국'이라는 점이다. 일본이 폐쇄된 환경에 있음으로써 이와 같은 CSV의 조류를 인식하지 못하고 세계 무대에서 점점 낙오될 것이 두렵다. 의식적으로 광범위하게 전 세계의 동향을 파악하면서 동시에

<도표 1-9> CSV 조류를 지지하는 이해관계자의 변화

		일반적인 기존의 개념	현상의 동향
기업을 둘러싼 이해 관계자의 구조적 변화	소비자의 변화	• 정부·기업으로 전달되는 소비자의 목소리는 한정적 • 소비 활동과 사회 공헌은 각각 별개의 것	• 네트워크를 통해서 모인 소비자의 목소리에 정부·기업이 즉시 반응 • 소비와 사회 공헌이 일체화된 모델의 상식화
	자본 시장의 변화	• 주주 자본주의가 글로벌 자본 시장을 지배 • 분기별 개시 등 단기 이익 중시 지향	• 자본주의 자체의 변혁 필요성의 논의가 활발화 • SRI 펀드, 연금·기금 등이 세계적으로 성장
	NGO의 변화	• NGO의 활동과 기업 활동은 원칙적으로 대립 • NGO가 보유한 파워는 한정적(어디까지나 정부·기업의 보완 기능)	• 유망 기업과 협조해서 사회 문제 해결을 추진하는 NGO가 증가 • 파워 있는 NGO가 세계적으로 증가
경쟁 환경 자체의 변화	기업의 '경쟁 방식' 변화	• 품질·기능·가격 등 3가지의 경쟁 축으로 차별화	• 사회 문제 해결과 룰 만들기가 새로운 경쟁 축으로 추가

변화를 후원

CSV에 도전해 가는 자세가 일본 기업에는 필요하다.

이해관계자의 첫 번째 동향은 소비자가 가진 사회적 가치에 대한 의식과 행동의 변화이다.

코즈 마케팅Cause Marketing*이나 크라우드 펀딩crowd funding** 같은 새로운 모델을 통해 소비자가 경제 활동을 하면서 사회적 가치를 의식할

---

* 기업의 경영 활동과 사회적 이슈를 연계시키는 마케팅으로, 기업과 소비자의 관계를 통해 기업이 추구하는 사익(私益)과 사회가 추구하는 공익(公益)을 동시에 얻는 것이 목표다._옮긴이 주

** 자금이 없는 예술가나 사회 활동가 등이 자신의 창작 프로젝트나 사회 공익 프로젝트를 인터넷에 공개하고, 익명의 다수로부터 투자를 받는 방식을 말한다. 목표액과 모금 기간이 정해져 있고, 기간 내에 목표액을 달성하지 못하면 후원금이 전달되지 않기 때문에 창작자는 물론 후원자들도 적극 나서서 프로젝트 홍보를 돕는다._옮긴이 주

수 있는 경우가 급속하게 증가하였다. 더욱이 열광적인 소비자 한 사람 한 사람의 목소리가 인터넷이나 소셜미디어를 통해서 세계 속으로 전파하는 게 가능해지면서 소비자의 목소리는 절대적인 영향력을 가지게 되었다. 이러한 소비자의 변화는 이미 불가항력이 되었으므로, 기업 경영 방식 중 CSV를 지속적으로 후원할 가능성이 높다.

예를 들어 코즈 마케팅을 대표하는 사례로 탐스 슈즈가 있다. 2006년에 설립된 탐스 슈즈는 신발 1켤레를 사면 개도국 어린이들에게 신발이 1켤레 제공되는 이른바 '원 포 원One for One' 모델을 제창했다. 이는 순식간에 세계 60개국으로 확산되어 1000만 켤레의 신발이 제공될 정도로 성장하였다. 게다가 신발 다음으로 안경 사업에 뛰어들어, 안경을 하나씩 살 때마다 전 세계 2억 8000만 명이 넘는 시각 장애인 중 1명에게 시력 교정이나 의학적인 치료를 제공하는 사업도 시작하였다. 이와 같이 탐스의 성공을 시작으로 '소비와 더불어 사회 공헌을 실감할 수 있는 기회'는 인터넷과 소셜미디어를 통해서 순식간에 글로벌 시장으로 확대되었다. 기업의 마케팅 방법도 역사적인 변화를 맞이한 것이다.

두 번째 동향은 소비자들의 뜻을 담은 한목소리가 가져오는 힘이 국가의 법규를 변경시킬 정도로 커진 것도 주목해야 할 징후이다. 소비자의 목소리를 온라인에서 하나로 묶어 주는 사이트로 AVAAZ. org, Purpose.com, GetUP.org 등이 있다. 한 예로 2007년에 설립된 온라인 커뮤니티 AVAAZ.org를 통해서 농약에 관한 EU의 정책이 변경되었다는 매우 흥미로운 사례도 있다. AVAAZ.org의 현재 회원 수는 3200만 명이며 온라인상에서 사회 문제를 제기하고, 회원들 사이에서 사회 문제의 원인에 대한 비판 의식을 고취하는 시스템을 제공하고 있다. 2013년 4월 EU가 네오니코티노이드Neonicotinoid* 계 농약 사용을 잠정적으로 금지하도록 결정한 배경에는 AVAAZ.org에 의한 세계적인 소비자들의 '한목소리'가 있었다고 한다. 이들은 꿀벌 집단 폐사의 원인 물질이 네오니코티노이드계 농약이라는 사실을 제시하고, 많은 회원들로부터 사용 금지 의견을 이끌어 냈다. 네오니코티노이드계 농약의 전 세계 시장 규모는 약 36조 원(2008년 기준)이며, 유럽의 시장 규모만도 약 2.1~2.6조 원(2013년 기준)이다. 적어도 2조 원 규모의 시장이 소비자의 목소리가 등장한 것을 기점으로 크게 흔들린 것이다.

앞서 살펴본 바대로 세계적 동향과 비교해 봤을 때 일본에서는 소비자의 목소리가 기업 활동이나 국가 정책에 강력하게 영향을 미친 사례는 아직 많지 않다. 게다가 강력한 전파력을 가져 소비자가 가진 힘의 근간이 되는 소셜미디어 이용자 수 역시 일본에는 많지 않다. 2012년 전 세계 소셜미디어 이용자 수는 16억 명에 이르렀지만 그중

---

* 니코틴 계의 신경 자극성 살충제이다._옮긴이 주

일본인은 겨우 2%에 불과하다. 많은 일본인이 언어의 장벽에 부딪혀 세계 각국의 소비자와 연계해서 커다란 반향을 일으킬 여지도 상대적으로 적은 것이 현실이다.

두 번째 변화는 자본 시장에서 지나치게 주주 가치를 추구하던 경향이 해소되고 '사회적 책임 투자(Socially Responsible Investment, SRI)'가 대두된 것이다. 경영 정보 개시나 경영자 보수를 책정할 때 단기 이익만을 기준으로 삼는 행태는 언제나 논란의 대상이었다. 하지만 근래에는 미국이나 유럽의 여러 유력 기업들도 변화하고 있다. 4분기 전체의 이익이나 예상 이익 공시 전, 중장기 실적을 중시해(단기 이익을 좇지 않는다) 경영자 보수를 결정하려는 투자가를 주주로 끌어들이는 쪽으로 방향을 선회하고 있다.

예를 들어 유니레버uni-lever의 폴 폴맨Paul Polman CEO는 "주주 가치를 높이는 것만이 기업의 책무는 아니다. 다른 모든 것을 희생해서 주주 가치를 높이려는 근시안적인 비전으로는 지속 가능한 회사가 될 수 없다"라고 명확하게 밝혔다. 또한 4분기 보고나 예상 이익 발표를 없애고, 경영자 보수 제도도 장기 성과를 중시하는 방향으로 변경했다. 더불어 자사 주식을 짧은 시간 동안만 보유하려는 투자가에게는 주주가 되지 않도록 권하고 있다.

또한 앞에서 언급한 바와 같이 GE의 에코매지네이션은 당초 투자자들로부터 비판을 받으면서도 거대 산업으로 성장했다. 이와 함께 사회 문제를 해결하는 사업에 투자하는 행위에 대한 합의가 자본 시장 내에서 계속 확대되고 있다. 그 결과들 중 하나가 바로 사회적 책임 투자, 즉 SRI 펀드의 성장이다. 미국 SRI 펀드의 잔고는 3.7조 달러, 유럽에서는 8.7조 달러에 이른다. 특히 프랑스는 2008년부터 연금(종업원 저축 제도)에 적어도 하나의 SRI를 가입하도록 의무화하면서, 적립액이 2007년부터 2009년 사이에 20배로 확대되었다.

한편 일본에서 SRI 펀드는 성장은 하고 있지만 규모는 아시아의 타 국들, 그리고 아프리카 지역과 비교해서 압도적으로 작고, 자본 시장에 영향력을 미칠 정도의 존재감도 발휘하지 못하고 있다(도표 1-10). 일본 기업의 CFO와 IR 전략에 관해 논의할 때 역시 SRI 펀드가 논점으로 거론되는 경우는 아직 많지 않은 것이 현실이다.

세 번째 변화는 세계적으로 영향을 미치는 NGO가 증가하고, 기업과의 협력도 촉진한다는 것이다. 이미 전 지구적으로 'NGO 버블'이라고 할 정도로 각종 NGO가 난립하고 있다. 그 배경에는 '국가 권력의 약화'라는 흐름이 자리하고 있다. 영국에서 마거릿 대처 정권이 1980년대 '작은 정부' 정책을 추진한 후 기업들이 CSR의 중요성을 부르짖게 된 것처럼 처음부터 NGO는 정부가 완수하여야 할 기능을 보완하기 위해 존재한다. 공권력이 약해지면 사회 영역의 중요성이 높아지면서 NGO는 증가한다. 실제 대개의 선진국 정부는 고령화와 국내 경제의 성숙화에 따른 재정 부담으로 괴로워하고 있으며, 신흥국

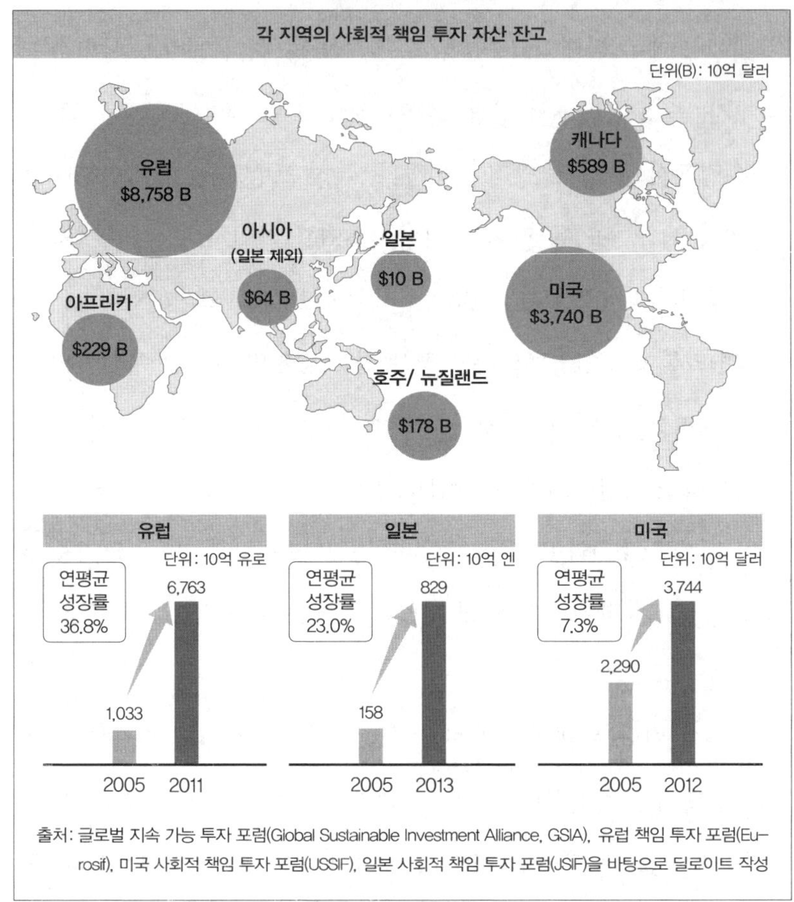

정부는 '소득 중진국의 덫'에서 벗어나려 하고 있다. 다수의 개도국 정부는 사회 인프라 정비 자체가 불가능한 상황에 빠져 있다.

이와 같은 거대한 흐름을 바탕으로 NGO의 중요성은 앞으로도 확대될 것이다. 그런 한편, 난립한 NGO들은 언젠가는 도태되면서 일정 수의 안정적이고 강력한 NGO에 수렴될 가능성이 높다. 특히 정책 제언 능력을 보유한 NGO나 글로벌 기업과의 연계 능력을 갖춘 NGO가 수렴 창구의 역할을 할 것으로 주목된다.

유력한 NGO는 확실한 정책 제언 능력과 교섭력 및 사회 문제 해결 노하우를 보유하고 있기 때문에 CSV를 추진하는 기업의 강력한 파트너가 될 수 있다. 기존에는 NGO라고 하면 기업 때문에 확산되는 사회 문제를 포착하고, 그에 반하는 부정적 캠페인을 벌이며 기업과 대립한다는 이미지가 강했다. 하지만 최근에는 사회 문제를 해결하는 데 효과가 있는 힘을 가진 기업과 협조 관계를 구축하는 방법을 찾는 NGO도 늘어나고 있다. 예를 들면 미국에서 가장 영향력 있는 환경 관련 NGO 중에 하나인 '인바이론멘탈 디펜스Environmental Defense'는 앞서 언급한 월마트의 환경 전략에 협력함으로써 경제성을 저해하지 않고 환경 문제를 해결하는 방법을 계속 시행하고 있다. 그 예로 월마트는 물론 페덱스와도 공동으로 이산화탄소 배출 감소나 연비를 크게 높인 차세대 트럭 개발을 추진하는 것을 들 수 있다. 최근에는 맥도널드나 UPS와도 협업하고 있다.

UN 경제 사회 이사회(UN Economic and Social Council, UN ECOSOC)가 인정하는 UN 회의의 참가 자격을 가진 NGO의 수는 1990년대 이후로 계속 증가하고 있으며, 2013년에는 3,700개를 넘었다. 특히 아시아 및 아프리카 지역에서 증가가 두드러졌다. 하지만 그중에 일본의 NGO는 20개도 포함되어 있지 않다(도표 1-11).

〈도표 1-11〉 1990년대 후반부터 현저하게 증가한 NGO의 영향력

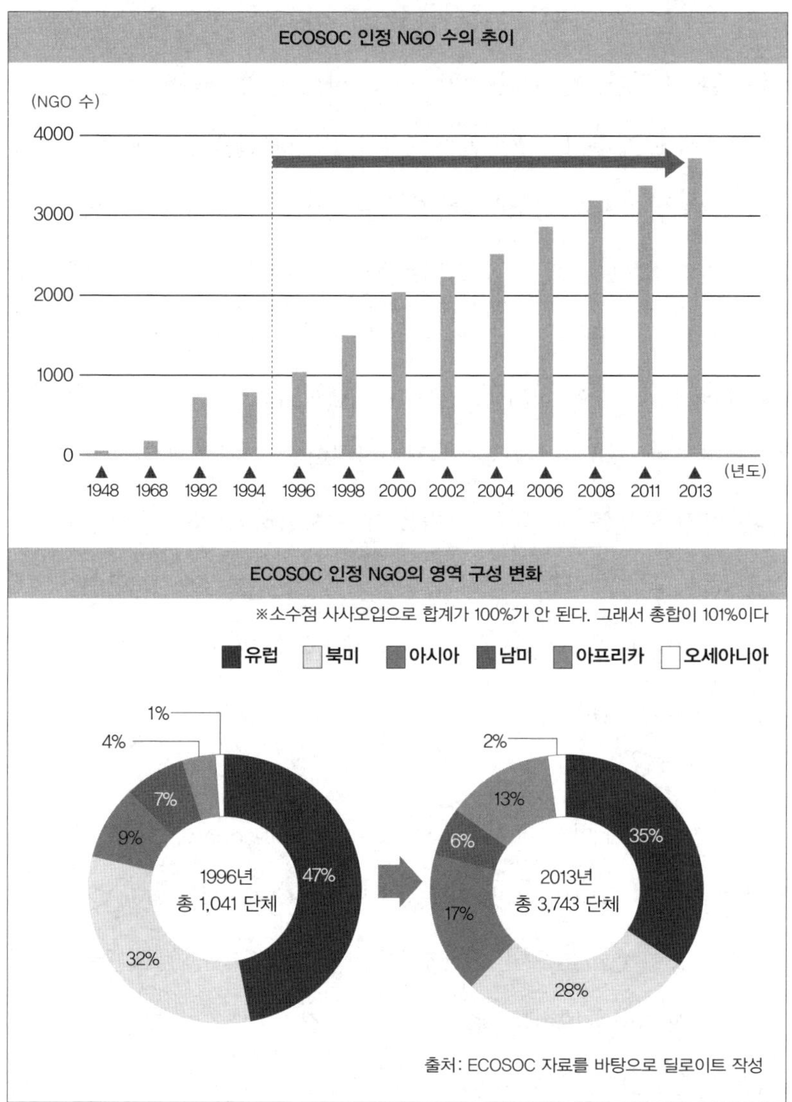

예로부터 일본 국내에서 활동하는 유력한 NGO는 매우 한정적이며, 기업 입장에서도 사업의 파트너로 NGO가 거론되는 경우는 현시점에서 많지 않다. 이처럼 존재감이 부족한 일본의 NGO야말로 일본이 CSV 후진국으로 전락하게 된 최대 요인이다.

글로벌 시장에서의 승리와
생존을 위한 이노베이션 활동인 CSV

지금까지 소개한 GE나 월마트 같은 CSV 선진 기업이 체현體現[*]하는 새로운 '경쟁 방식'은 CSR의 연장선상에서는 도달하기 어려운 개념이다.

본래 CSV 개념에는 넓게 보자면 제품 판매에 사회 공헌의 개념을 집어넣은 코즈 마케팅을 위한 상품과 서비스 개발도 포함한다. CSR에서 내세우는 지속 가능성(Sustainability)을 자사 서플라이 체인(Supply Chain)[**]에서 보다 엄격하게 실현하려는 노력이나, 기업의 강점을 살려 지진 등 재해에 의한 피해를 복구하는 사업을 하는 것 역시

---

[*] 사상이나 관념 같은 정신적인 것을 구체적인 형태·행동으로 표현·실현하는 것이다. _옮긴이 주
[**] 연쇄적인 생산·공급 과정, 생산 공급망이다. _옮긴이 주

CSR이다. 이와 같은 CSR 활동에서 한발 나아가 사회 문제 해결을 사업이나 제품에 반영하고, 이를 통해서 상품의 경쟁력이나 기업 브랜드의 부가 가치 향상을 추구하는 기업은 일본 내에도 증가하고 있다.

그렇지만 CSV를 한정적으로 인식하게 되면 CSV 선진 기업이 도전하는 새로운 경쟁 방식과 같은 커다란 흐름을 놓치게 된다. 앞에서 언급한 바와 같이 소비자, 투자가, NGO 등 기업을 둘러싼 3대 이해관계자의 동향이 '후진국' 일본에 있다면 더더욱 그렇다.

CSV는 글로벌 경쟁 환경에서 그 변화에 휩쓸리지 않고 스스로 시장을 창조하기 위한 경쟁 우위 구축 활동이다. 사회 문제 해결을 통해 시장을 이끌어 나가는 이 방식은 종래와는 다른 관점에서 접근해야 하는 이노베이션 활동 그 자체로 인식해야 한다(도표 1-12).

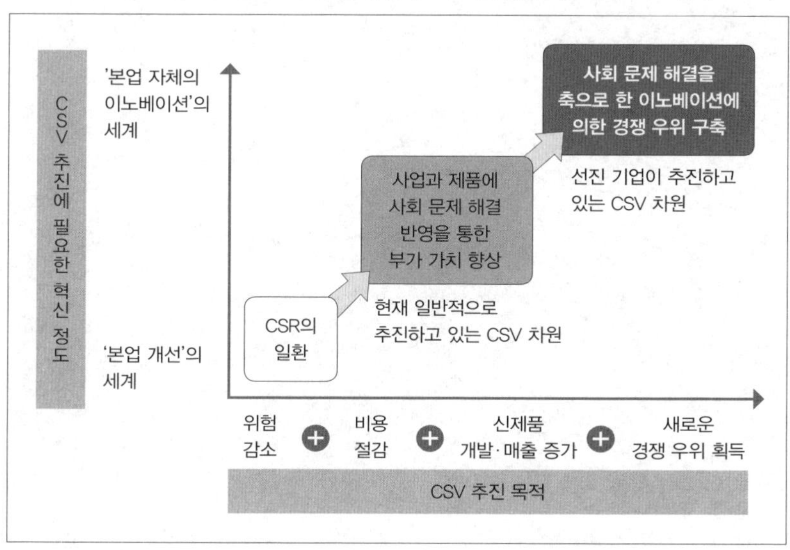

〈도표 1-12〉 생존을 위해 꼭 필요한 이노베이션 활동으로서의 CSV 인식

　명심해야 할 것은 이른바 ‘이노베이션의 딜레마’에서 벗어나기 위한 파괴적 이노베이션에 대한 도전이 CSV의 근간이라는 사실이다. 다시 말해 ①기존 고객에게 초점을 맞춘 제품의 기능을 개선하기 위한 이노베이션이 아니라, 사회가 요청하는 문제 해결에 초점을 맞춘 이노베이션에 투자의 중심을 두어야 한다. ②실제로 기존 사업에도 커다란 영향을 미치는 혹은 기존 사업을 집어삼킬 정도의 ‘걸출한’ 신사업 창조를 지향하는 것이 근원적으로 필요하다.

　다시 한번 말하자면, CSV란 이른바 이노베이션의 딜레마에 빠지지 않는 사업 구조를 실현해 가기 위한 자기 변혁 프로그램이다.

제2장

일본 기업의 이노베이션 역량 실태

지속적 성장의 양대 축
'기존 사업의 성장'과 '신사업 창조'

1970년대까지 일본 기업은 휴대용 오디오 기기나 탁상용 프린터로 대표되는 제품으로 세계의 사회·생활·문화를 변화시켜 왔다. 이러한 이노베이션은 일본 경제의 발전을 이끌었다. 또한 제조업뿐만 아니라 택배 서비스나 편의점과 같은 세계적으로 유례를 볼 수 없는 새로운 서비스·비즈니스 모델도 같은 시기에 개발되었다.

하지만 1980년대 이후 일본 경제에 그늘이 드리운 사실은 부정할 수 없다. 특히 1990년대의 버블 경제 붕괴 이후 이른바 '잃어버린 20년'에 접어들 무렵부터 일본 기업의 관심사는 변하기 시작하였다. 일본의 기업들은 매출 성장보다는 이익을 확보하는 일에, 성장을 위한 투자보다는 효율성 제고와 비용 삭감에 관심을 돌렸다.

옛부터 시대를 불문하고 기업이 지속적으로 성장하려면 2가지가 필요하다. 바로 '현재의 먹거리'를 얻기 위한 기존 사업의 성장과 '미래의 먹거리'를 얻기 위한 신사업 창출이다(도표 2-1).

1990년대 이후의 많은 일본 기업들은 기존 사업을 유지·확대하는 일을 당연하게 여겼다. 하지만 새로운 사업 창출과 이노베이션은 당시의 실적과 경영자의 의지에 좌우되어 안정적으로 충분하게 이루어지지 못하였다. 그 결과 지속 성장을 위한 기존 사업과 신규 사업이 균형을 잃은 상태에서 경영되어 왔다. 또 오랜 기간에 걸쳐 기업 풍토 자체가 경직되어 버린 것처럼 보이는 기업도 많아졌다.

기존 사업과 신사업 이 2개의 바퀴를 균형 있게 굴리는 경영을 실현하는 일이 결코 일본 기업만의 과제는 아니다. 이미 2004년에 미국에서는 산업계나 학계 등을 중심으로 400명 이상의 리더가 모인 자리에서 이 문제가 논의되었다. 그 결과 최종적으로 정부 차원에서 대응하기로 결정하였다. 전미 경쟁력 평의회(Council on Competitiveness)가 2004년 12월에 공표한 보고서인《이노베이트 아메리카: 도전, 그리고 변화하는 세계의 번영(*Innovate America: Thriving in a World of Challenge and Change*)》이 바로 이것이다. 이 보고서는 당시 IBM의 회장 겸 CEO 사무엘 팔미사노가 작성 총괄을 맡고, 1985년 HP의 회장 존 영을 의장으로 했기 때문에 통칭《영 리포트*YOUNG Report*》혹은《팔미사노 리포트*Palmisano Report*》라고 불리게 되었다.

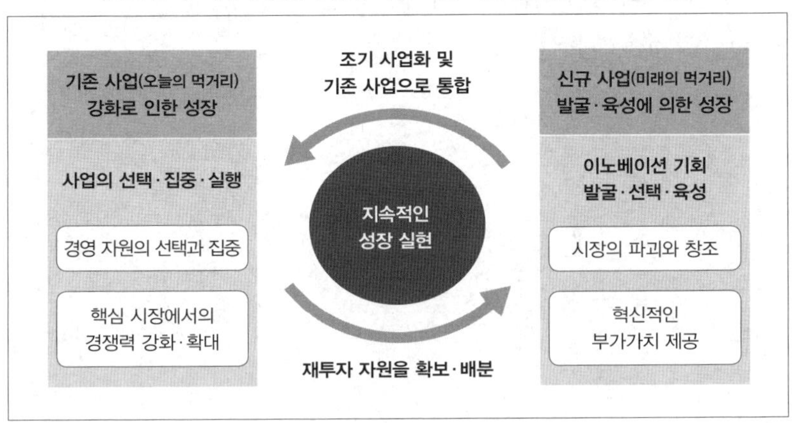

〈도표 2-1〉 지속적 성장의 양대 축인 기존 사업의 성장과 신사업 창조

이 보고서에는 "미국은 과거 25년간 효율 향상을 가장 중요시했다. 그러나 이후 25년간 이노베이션 추진을 위해 사회를 최적화할 필요가 있다"라는 산업계와 학계의 합의가 명확히 제시되었다. 이것의 배경은 브릭스BRICs*의 대두 등으로 글로벌 경쟁이 새로운 단계를 맞이했다는 위기감이다. 게다가 신흥국 등 이노베이션이 일어나는 장소와 메커니즘이 유동적이라는 인식도 있었다. 이《팔미사노 리포트》를 전환점으로 미국 기업에서도 기존 사업과 신사업의 균형을 재조정하면서 현재 미국 기업의 강점이 탄생했다고 한다. 제1장에서 소개한 GE나 월마트 같은 CSV 선진 기업들의 경제적·사회적 가치를 동시에 추구하는 혁신적 도전이《팔미사노 리포트》가 발표된 이듬해인 2005년에 시작되었다는 사실은 우연이 아닐 것이다.

---

* 브라질(Brazil), 러시아(Russia), 인도(India), 중국(China) 4개국을 뜻한다._옮긴이 주

2×2 매트릭스 바깥 영역에 대한
충분한 대응 여부

사업의 성장 전략을 결정하기 위한 기본 프레임 워크가 응용수학자 겸 사업가인 이고르 앤소프의 성장 매트릭스이다. 앤소프의 성장 매트릭스는 시장과 제품 이 2개의 각 축을 기존과 신규 2개로 구분한다. 2×2, 총 4개의 셀로 구성되는 이 매트릭스는 기업의 성장 영역을 (기존 사업에서의) 시장 침투, 신제품 개발, 신시장 개척, 다각화 등 4개로 검토할 때에 사용되었다.

그러나 새로운 사업을 창출하고 이노베이션을 이루기 위해 이러한 전통적인 매트릭스를 활용할 경우 사고가 한정된다. 그리하여 딜로이트에서는 2×2 매트릭스를 3×3으로 확장하였다. 그리고 9개의 셀 가운데 2개를 통합한 7개의 셀로 기업의 성장 원천을 부

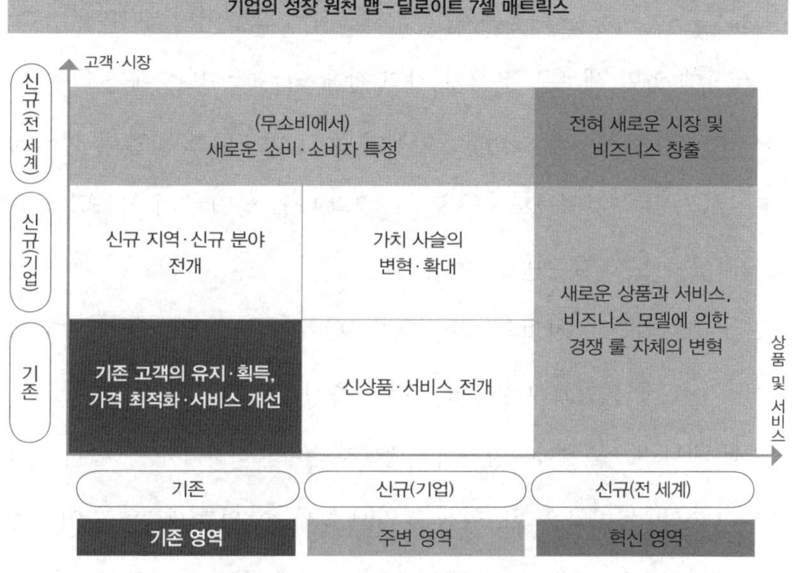

감俯瞰*할 것을 장려하고 있다(도표 2-2).

딜로이트의 새로운 매트릭스는 기존 영역과 신규 영역 중, 신규 영역을 다시 '이미 다른 회사에서는 추진하고 있지만 자사에는 새로운 것'과 '애초 세상에 없던 새로운 것'으로 나눈다. 이로써 신사업의 가능성을 보다 더 상세하게 분석할 수 있게 된다. 이 7셀 매트릭스 중 2×2의 바깥 영역, 즉 애초에 세상에 존재하지 않았던 새로운 상품과 서비스의 등장으로 새로운 시장이 창조된다. 이는 경쟁 방식의 변혁을 통해 탄생하는 파괴적 이노베이션을 보다 더 부각시킨다.

---

* 높은 곳에서 내려다본다는 뜻이다._옮긴이 주

이 책에서 다루고 있는 CSV를 통한 이노베이션으로 나타나는 사업의 대부분은 새로운 시장, 혹은 새로운 사업 모델이나 방식이다. '애초 세상에 없던 새로운 것'으로 자리 잡게 되는 것이다. 예를 들어 애플의 아이튠즈iTunes나 아마존, 이케아 등의 비즈니스 모델이 여기에 해당된다. 일본 기업들도 이처럼 '2×2의 바깥 영역'에서 신사업 창조를 가속화하도록 요구받고 있다.

7셀 매트릭스는 기업의 성장 투자 포트폴리오(딜로이트에서는 '이노베이션 포트폴리오'라고 부른다)의 건전성 측정에도 활용할 수 있다.

7셀 매트릭스를 기존 영역과 주변 영역(이미 타사에서는 추진하고 있지만 그 기업에는 새로운 것), 혁신 영역(애초 세상에 없던 새로운 것)이라는 3가지 영역으로 구분하고, 각각에 어느 정도 투자를 하고 있는지를 표시·분석함으로써 이노베이션에 대한 포트폴리오를 명확하게 할 수 있다.

이 투자 포트폴리오에서 기존 영역, 주변 영역, 혁신 영역 각각에 대한 자원 배분은 어느 정도가 바람직할까? 모니터 딜로이트는 미국 기업 중 중장기에 걸쳐 실적이 양호한 기업의 재무 분석을 통해 이노베이션 포트폴리오를 도출했다. 이 조사에 따르면 전 사업 평균 자원 배분의 황금 비율은 기존 영역, 주변 영역, 혁신 영역이 각각 70:20:10이었다(도표 2-3).

이 황금비는 '중장기에 걸쳐 지속적 성장을 달성한 기업들은 연간 투자액의 30%를 기존 영역 이외의 신사업 투자에 충당하고 있다'는

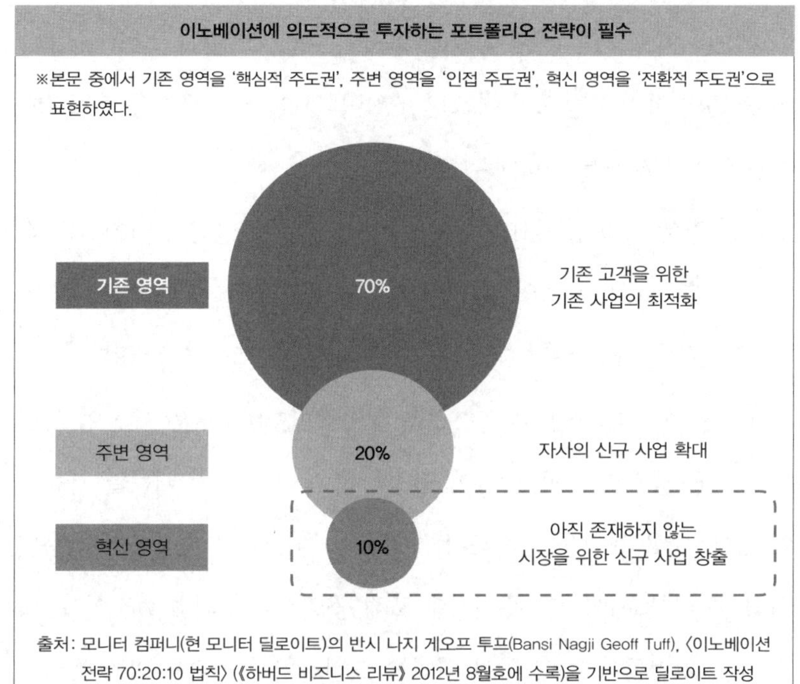

출처: 모니터 컴퍼니(현 모니터 딜로이트)의 반시 나지 게오프 투프(Bansi Nagji Geoff Tuff), 〈이노베이션 전략 70:20:10 법칙〉(《하버드 비즈니스 리뷰》 2012년 8월호에 수록)을 기반으로 딜로이트 작성

의미이다. 또한 그중에서 3분의 1, 다시 말해 투자 금액의 10%는 아직 세상에 없는 혁신 영역에 대한 투자에 할당되어야 한다는 의미이다.

혁신 영역에 지속적으로 투자하려면 계획적인 이노베이션 투자 시스템이 필요하다. 예를 들면 P&G에서는 위험도가 높은 아이디어가 조직 내 '저항 세력'에 밀려 빛을 발하지 못하는 일이 없도록 독자 조직 'CIF(Corporate Innovation Fund)'를 운영하고 있다. CIF는 규모가 정해진 투자 예산 안에서 파괴력 있는 이노베이션을 산출하기 위한 시드 머니Seed money(창업 초기 자금) 제공을 담당한다. CIF를 조직 내부에 설치함으로써 의도적으로 '혁신 사업'에 투자를 할당하는 셈이다. 이 CIF는 최고 기술 경영자(Chief Technology Officer, CTO)가 CEO 와 CFO의 지원을 받으며 이끄는 조직이다. 또한 그 특징은 스스로가 혁신 영역에 투자를 위탁하는 것이다.

한편 일본 기업 중에서 연간 투자액의 일부를 혁신 영역에 의도적 으로 투자하고 있는 기업은 몇 개나 될까? 저자는 거의 만난 적이 없 다. 일본은 신사업 추진 테마 중 혁신 사업이 압도적으로 적다. 이는 세계적인 흐름과는 반대다. 이것은 잃어버린 20년 동안 매출이 아니 라 이익을 중시한 비용 삭감이 경영의 주축이 되었기 때문일 가능성 이 있다. 비용 절감을 중시하여 경영자는 물론 업무 현장에서도 무의 식적으로 이노베이션을 주저하는 조직 풍토가 형성되었을 것이다. 많 은 일본 기업들이 2×2 바깥 영역에 도전하거나 성과를 얻지 못하는 가장 큰 원인은, 조직의 능력이 좋고 나쁘기 이전에 구조적으로 투자 의 절대 양量 자체가 적을 수밖에 없기 때문이다.

일본 기업의 이노베이션 역량과
관련한 슬픈 현실

앞에서 기술한 구조적 문제의 실태를 파악하기 위하여 딜로이트에서는 2012년 8월, 일본 상장·비상장 기업 335개사를 대상으로 '일본 기업의 이노베이션 실태 조사'를 시행하였다. 그리고 이를 이노베이션의 성과 관점에서 조사·분석하였다. 이 조사에서는 기업의 이노베이션 역량을 나타내는 중요 지표(Key Performance Indicator, KPI)를 '신규 영역에서 산출되는 매출이 연간 총매출에서 차지하는 비율'로 삼았다.

먼저 최근 사업 연도의 연결 매출액 중에서 신규 영역(과거 3년 이내에 시장에 투입한 신상품·신사업으로부터 산출된 매출 합계)이 차지하는 비율은 불과 6.6%에 지나지 않았다(도표 2-4).

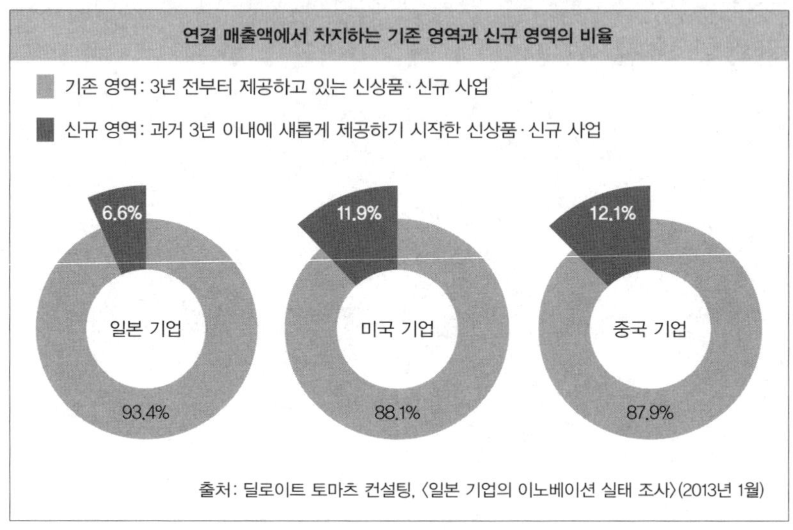

유사 조사에 의하면 미국 기업의 평균은 11.9%로 일본 기업의 약 2배에 달한다. 본래 지속적으로 성장하려면 신규 영역에서 일정량의 매출을 꾸준히 산출할 필요가 있다. 하지만 일본 기업은 미국과 비교해 기존 영역에 무게 중심을 두고 있기 때문에 신규 영역에서 충분히 성과를 내지 못하고 있다. 참고로 유사 조사 결과에서 중국 기업의 신규 영역 산출 비율은 12.1%로 미국과 같은 수준이었다.

이 신규 영역을 앞에서 기술한 주변 영역과 혁신 영역으로 나누어 보면 일본 기업의 문제는 여실히 드러난다.

신규 영역에서 산출되는 성과 중, 미국 기업은 약 51.5%가 혁신 영역에서 기인했다고 대답했다. 반면에 일본 기업은 미국의 약 5분의 1인 11.0%라고 대답했다(도표 2-5).

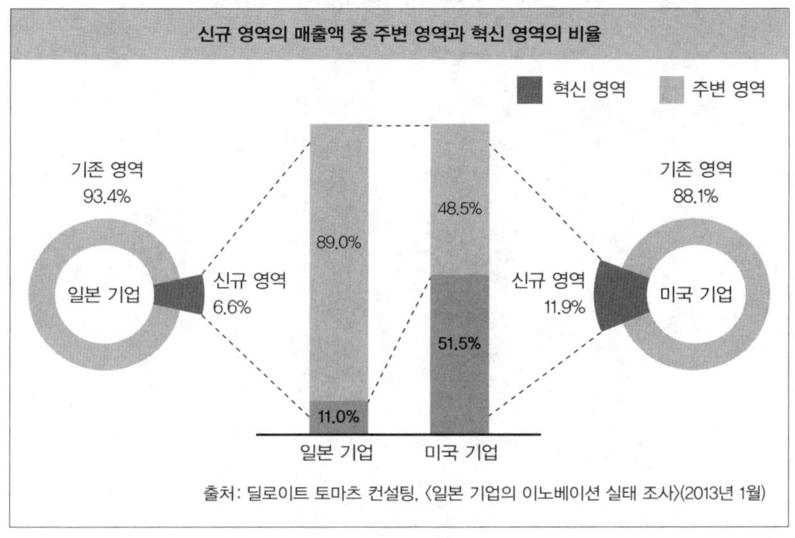

일본 기업이 2×2 바깥 영역에 대응하는 총량 자체가 적을 가능성도 있다. 그 결과 실제로 혁신 영역에서의 성과를 신규 영역의 비율과 혁신 영역의 비율의 곱으로 보면, 미국 기업의 겨우 1% 정도로 압도적으로 낮게 나타난다. 이 결과는 일본 기업이 2×2 바깥 영역에서 충분히 기능하지 못한다는 사실을 시사한다.

일본 기업 중에도 신규 영역 중 혁신 영역에서 산출된 매출액 비율이 50% 이상(미국 기업 평균과 동일한 레벨)인 기업이 없지는 않다. 이런 기업들의 과거 10년간 매출액 성장률을 보면 그들 중 82%가 업계 평균을 상회하여 지속적으로 성장했음을 알 수 있다. 결과적으로 혁신 영역에 도전하거나 성과를 얻기 위해 노력하는 것은 기업의 지속적 성장에 크게 기여하는 것이다.

일본의 이노베이션 역량 쇄신 요구

일본의 차세대 계층은 일본 기업의 이노베이션 인식에 대해 위기감을 가지고 있다. 일본에서는 자원[3M : Man·Material·Money(사람·재료·돈)]이 중견기업보다 대기업에 더 많이 집중되기 쉽다. 따라서 그와 같은 기업에 소속된 차세대층이 적극적으로 이노베이션에 도전하지 않는 한 일본 기업의 이노베이션 역량 부활은 있을 수 없다. 그러므로 차세대가 안심하고 적극적·지속적으로 이노베이션에 도전할 수 있는 환경을 만드는 것이 현재 경영층의 사명이다.

하지만 현재 상황은 어렵다. 딜로이트가 2013년 다보스 포럼에서 발표한 세계 18개국의 밀레니엄 세대(1982년 이후 출생해 2000년대에 성인이 되어 풀타임 근무를 시작한 세대)를 대상으로 실시한 조사를 보면 일본 이노베이션 역량의 장래성에 대해 심히 우려하게 된다.

밀레니엄 세대 가운데 '나는 혁신적이다'라고 대답한 비율은 세계 평균이 62%, 일본은 24%였다. '나는 혁신적인 조직에서 일하고 있다'라고 대답한 비율은 세계 평균이 60%인데 비하여 일본은 겨우 25%로, 조사 대상 국가 중 압도적으로 낮은 수준이었다(도표 2-6).

이 같은 결과에 대해 일본인의 소극적인 사고방식(mentality)이 영향을 주었다는 견해도 있다. 하지만 적극적으로 이노베이션을 하려는 계층이 상대적으로 적다고도 볼 수 있어 주요 문제로 인식해야 한다.

또한 밀레니엄 세대가 소속된 조직의 리더(경영자)에 대한 견해에서도 동일한 경향이 나타난다. '리더로부터 이노베이션에 대해 영향을 받고 있는가?' '리더는 이노베이션을 실천하고 있는가?'라는 물음에 '그렇다'라고 대답한 일본 밀레니엄 세대의 비율은 모두 세계 평균을 크게 밑도는, 즉 조사 대상국 중 최저 수준이었다(도표 2-7).

지금까지 10~20년이라는 장기간에 걸쳐 기존 사업을 강화해 성장했던 기업들은 조직과 관리 시스템이 기존 사업 강화에 최적화되어 있다. 따라서 미래가 보장되지 않는 신사업 창출에 소요되는 비용은 이익을 감소시킨다는 착각에 빠지기 쉽다. 이런 조직에 몸담고 있는 젊은 세대 역시 그러한 착각을 자신의 판단 기준으로 삼는다. 결과적으로 자기 자신이 속한 조직도 혁신적이라고 생각하기 어렵고, 또한 조직의 리더에 대해서도 동일한 감정을 가지고 있을 것이다. 이 악순환의 고리에서 빠져나오지 않으면 안 된다.

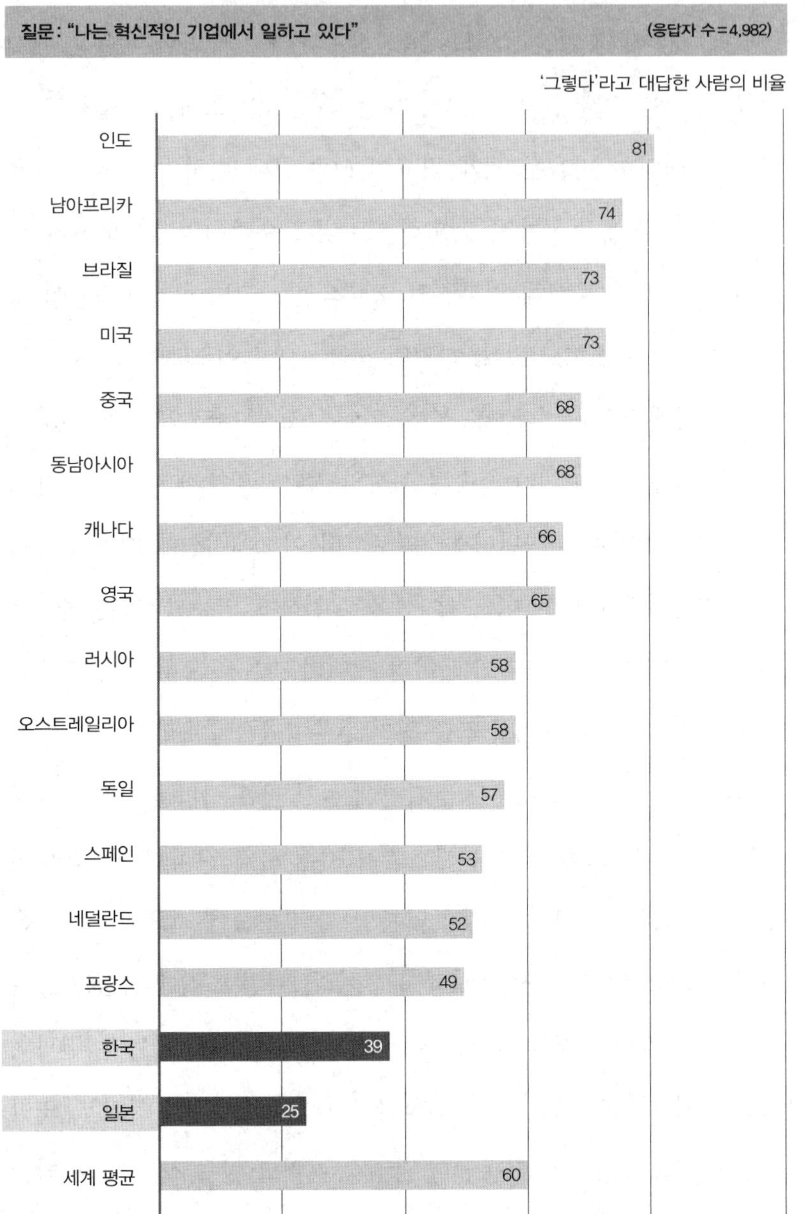

〈도표 2-6〉 일본 밀레니엄 세대의 이노베이션에 대한 생각 (1)
질문: "나는 혁신적인 기업에서 일하고 있다"
(응답자 수=4,982)
'그렇다'라고 대답한 사람의 비율
인도	81
남아프리카	74
브라질	73
미국	73
중국	68
동남아시아	68
캐나다	66
영국	65
러시아	58
오스트레일리아	58
독일	57
스페인	53
네덜란드	52
프랑스	49
한국	39
일본	25
세계 평균	60
0	20	40	60	80	100(%)

〈도표 2-6〉 일본 밀레니엄 세대의 이노베이션에 대한 생각 (2)

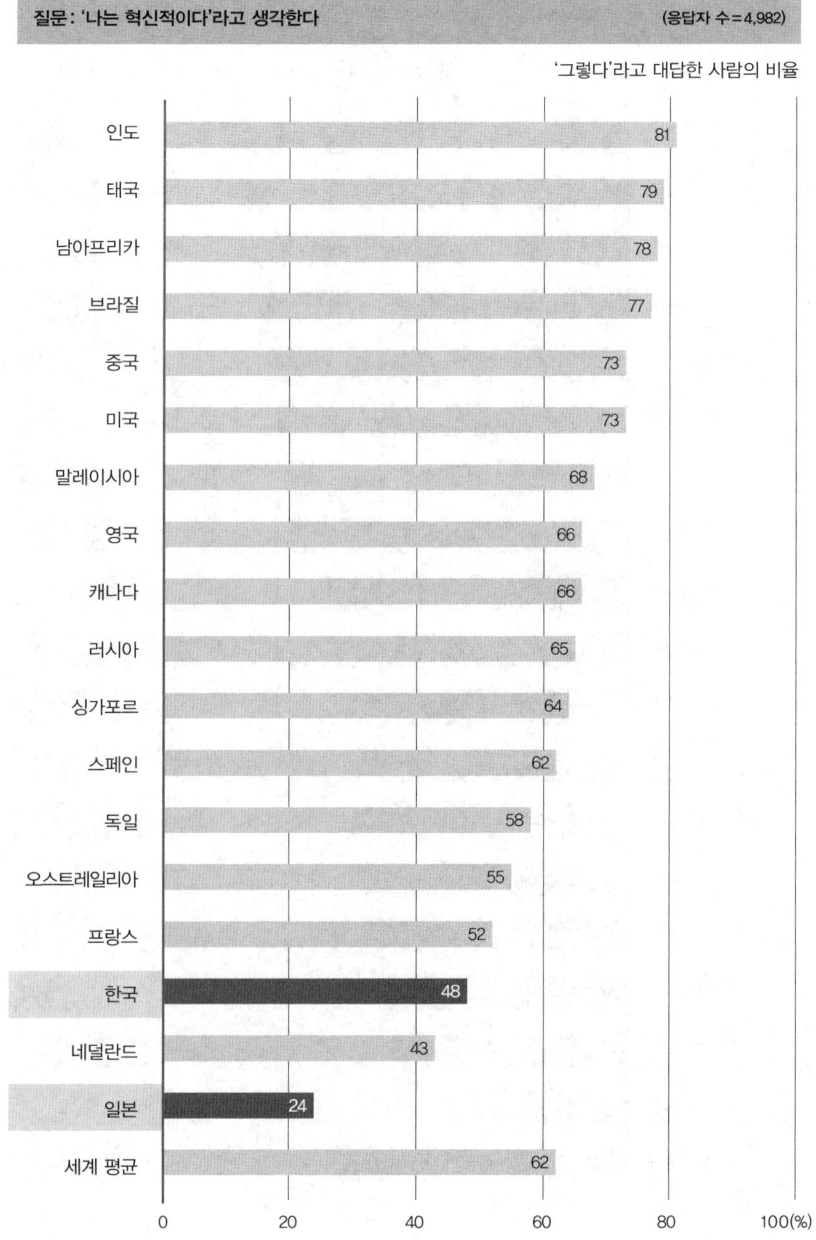

질문: '나는 혁신적이다'라고 생각한다
(응답자 수=4,982)
'그렇다'라고 대답한 사람의 비율
인도 81
태국 79
남아프리카 78
브라질 77
중국 73
미국 73
말레이시아 68
영국 66
캐나다 66
러시아 65
싱가포르 64
스페인 62
독일 58
오스트레일리아 55
프랑스 52
한국 48
네덜란드 43
일본 24
세계 평균 62
0 20 40 60 80 100(%)

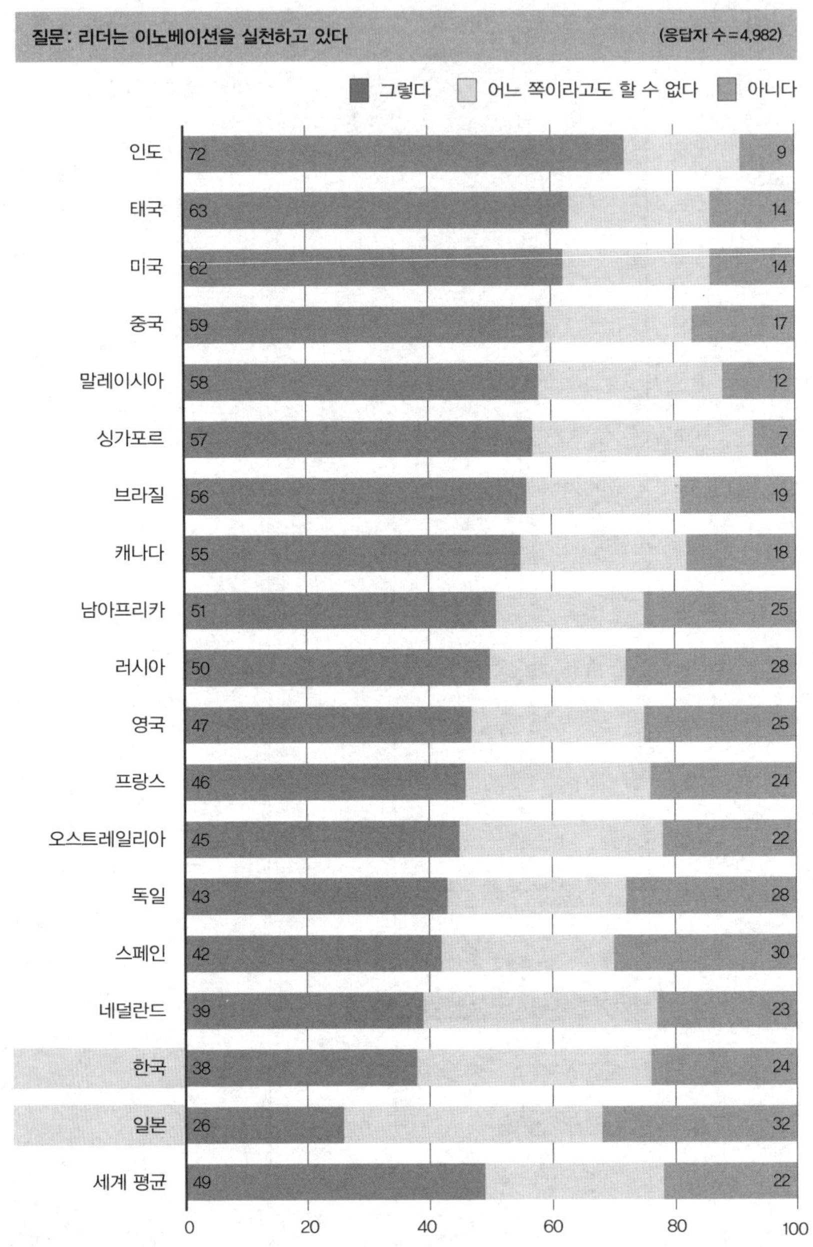

〈도표 2-7〉 일본 밀레니엄 세대가 경영층으로부터 받고 있는 영향 (1)
질문: 리더는 이노베이션을 실천하고 있다
(응답자 수=4,982)
그렇다
어느 쪽이라고도 할 수 없다
아니다
인도 72 9
태국 63 14
미국 62 14
중국 59 17
말레이시아 58 12
싱가포르 57 7
브라질 56 19
캐나다 55 18
남아프리카 51 25
러시아 50 28
영국 47 25
프랑스 46 24
오스트레일리아 45 22
독일 43 28
스페인 42 30
네덜란드 39 23
한국 38 24
일본 26 32
세계 평균 49 22
0 20 40 60 80 100

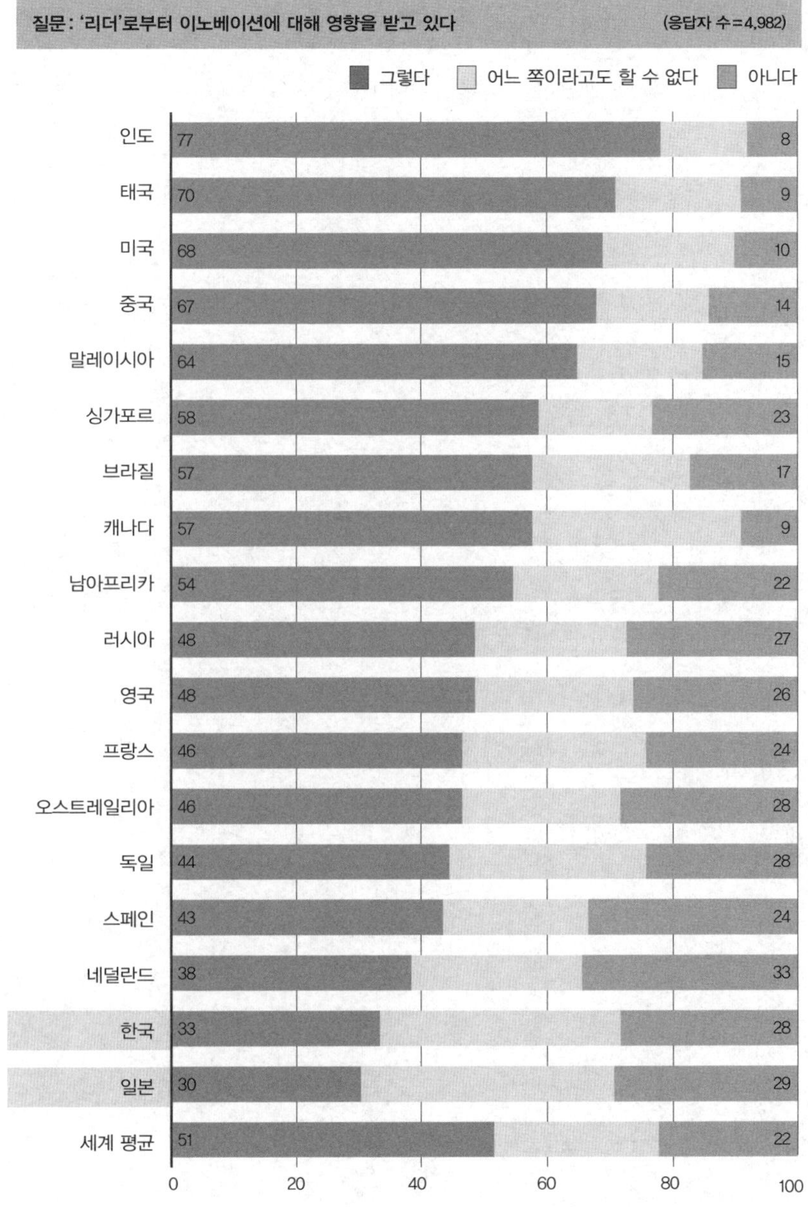

출처: 딜로이트 토마츠 컨설팅, 〈밀레니얼 서베이*Millennial Survey 2013*〉

제3장

CSV를 통한 일본 기업의 이노베이션 역량 제고

전 세계적 사회 문제는
차세대 이노베이션의 원천

이 책이 제시하는 'CSV를 통한 이노베이션'이라는 발상의 기점은, 지금까지 일본 기업이 대상으로 하던 요소 기술의 전개(Product-Output)에서도 '시장과 고객 니즈(Market-in)에서 사회 문제와 사회적 니즈로 이동하는 것'이다.

사회 문제로 거론되는 주제는 의외로 폭이 넓다. 먼저 선진국에서 진행 중인 고령화와 그로 인한 사회 보장 지출 증대나 노동력 감소를 들 수 있다. 신흥국에서 진행되는 도시화에서 시작된 인구 집중과 스프롤sprawl 현상*이나 만성적 인프라 부족 역시 심각한 문제이다. 또한

____

* 도시의 급격한 발전과 땅값 급등으로 도시 주변이 무질서하게 택지화되는 현상이다._옮긴이 주

전 세계적으로 계속 진행되고 있는 지구 환경 오염으로 인해 만연한 공해와 위생 문제도 있다. 개도국에서는 줄어들지 않는 빈곤 문제가 있다. 끝없는 종교 갈등과 국제 분쟁, 기후 변화에 따른 다양한 피해와 현재화되고 있는 지구 온난화, IT나 바이오 등의 기술 혁신이 초래하는 새로운 범죄 등 세계적으로 심각한 사회 문제는 헤아릴 수 없이 많다.

세계 최대의 사회 문제 중 하나인 기후 변화나 심각한 수자원 부족 문제는 각각 복잡한 인과관계로 서로 얽혀 있다. 때문에 기업 하나만의 해결책으로는 문제를 쉽게 해결할 수 없다. 그렇지만 이러한 문제에 대한 대응책으로 세계 곳곳에서는 연간 약 200조 원이 투입되고 있으며 문제 해결이 가져다주는 경제 효과의 규모 역시 엄청나게 크다. 매출 1조 원, 10조 원의 목표에 도달할 수 있는 신사업을 창조하는 이노베이션의 원천은 복잡한 요소들이 서로 뒤엉켜서 시간이 갈수록 심각해지고 있는 거대한 사회 문제에 있다.

사업 진출 분야로 택한 사회 문제가 심각할수록 대의명분의 영향력도 사회를 열광시킬 정도로 거대해진다. 또한 반드시 갖추어야 할 질서나 규칙이 정비되지 않았거나, 있어도 제대로 기능하지 못하는 상황이 심각한 사회 문제의 발생 원인이 되기도 한다. 따라서 '시장의 새로운 질서 만들기를 추진한다'는 대의명분도 세울 수 있다. 이렇게 되면 새로운 시장이나 사업에 도전할 때 구조적 시스템에 의한 경쟁 우위 구축도 쉬워진다.

'FINDER'를 통해 구조적으로 인식하는
글로벌 사회 문제

새로운 시장을 발굴하는 원천으로 인식해야 할 사회 문제의 범위는 매우 폭넓다. 광범위한 사회 문제를 인식하는 프레임 워크로, 6개의 큰 카테고리의 머리글자로 구성된 'FINDER'를 소개한다(도표 3-1).

FINDER의 6개 범주는 주요 사회 문제가 발생하는 원인을 나타내는 축이다. 즉, 각각의 영역에 존재하는 기존의 사회 문제와 그 동향을 파악함으로써 기업이 사업 기회를 탐색하고 발굴할 수 있는 것이다.

또한 다음 장에서 제시하는 바와 같이 혁신적인 새로운 시장을 발굴할 때는 기존의 사회 문제 하나하나를 개별적으로 보는 것이 아니라, 사회 문제 서로 간의 '곱'으로 인식하는 것이 효과적이다.

하나의 카테고리에 존재하는 문제(예를 들어 수자원 부족)와 그것과는

<도표 3-1> 사회 문제에서 대규모 시장을 발굴해 가는 관점-FINDER로 포착한 선진 사회 문제

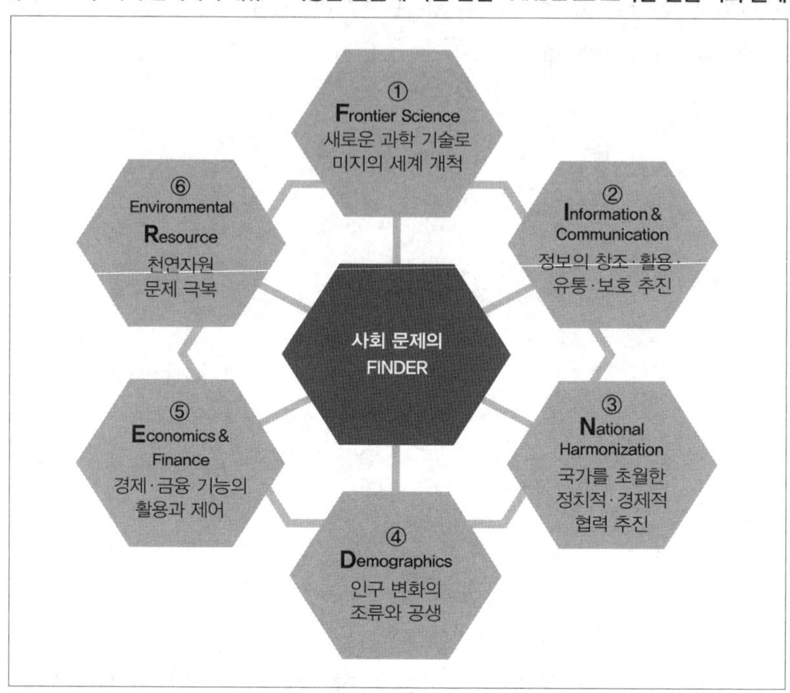

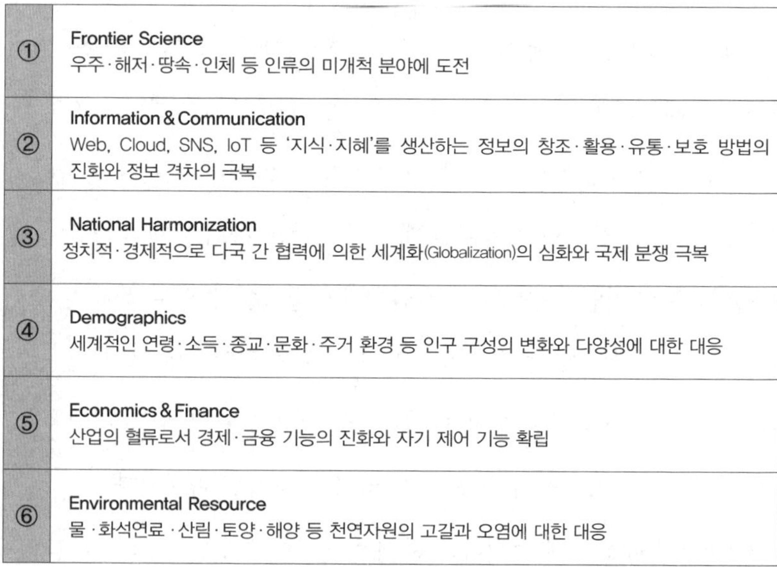

①	**Frontier Science** 우주·해저·땅속·인체 등 인류의 미개척 분야에 도전
②	**Information & Communication** Web, Cloud, SNS, IoT 등 '지식·지혜'를 생산하는 정보의 창조·활용·유통·보호 방법의 진화와 정보 격차의 극복
③	**National Harmonization** 정치적·경제적으로 다국 간 협력에 의한 세계화(Globalization)의 심화와 국제 분쟁 극복
④	**Demographics** 세계적인 연령·소득·종교·문화·주거 환경 등 인구 구성의 변화와 다양성에 대한 대응
⑤	**Economics & Finance** 산업의 혈류로서 경제·금융 기능의 진화와 자기 제어 기능 확립
⑥	**Environmental Resource** 물·화석연료·산림·토양·해양 등 천연자원의 고갈과 오염에 대한 대응

일견 인과관계가 없는 것 같은 별도의 카테고리에 존재하는 또 다른 문제(예를 들어 세계적인 종교 인구 구성의 변화)의 '곱'에서, 새로운 시장 기회를 재정의할 수 있는 여지가 생긴다. CSV를 통한 이노베이션을 위해서는 정부와 NGO, 시민 등 사회의 다양한 참여자를 자기편으로 끌어들이기 위한 대의명분이 필요하다. 이 경우 사회 문제의 곱이 대의명분을 이끌어 내는 원천이 되기도 한다.

먼저 FINDER의 6개 카테고리 별로 현재 나타나고 있는 주요한 사회 문제의 쟁점을 소개한다. 이를 조직 내 지식을 축적하는 데 도움이 되는 일종의 틀로서 참고하기 바란다.

FINDER의 틀을 이용해 기업의 관심 정도에 따라 특별히 중점을 두고 지속적으로 확인할 사회 문제의 범위와 주제를 정한다. 그리고 실제로 2020년, 2030년을 향한 복수의 사회 문제 시나리오 계획을 수립한다. 이를 통해 기업의 이노베이션 의제와 R&D 주제를 톱다운top-down 방식으로 정한다. 이 경우 R&D 부문 내부에서 지나치게 기술에 의지하기 쉬운 R&D 포트폴리오의 적정화 검토도 가능하다.

Frontier Science
새로운 과학 기술로 미지의 세계 개척

인류가 아직 개척하지 못한 다양한 영역에서 진행되고 있는 과학 기술의 진보가 기존의 사회 문제 해결로 이어지고 있다. 한편, 그러한 진보가 또 다른 사회 문제를 초래할 가능성도 있다는 사실에도 주목할 필요가 있다.

그 가운데 크게 우려되는 것 중 하나가 인체의 미개척 분야에 도전하는 의료 기술의 진보이다. 게놈genome[*]기술, iPS 세포(induced pluripotent stem cell)[**] 기술, 재생 의료 기술 등은 날이 갈수록 발전하고 있다. 이를 통해 현재보다 훨씬 더 건강하게 오래 살 수 있고, 개개인의 생체 특성에 맞춘 생활 방식을 선택할 수 있을 것으로 기대된다.

아직은 인류에 대해 학습하면서 시행착오를 겪는 단계에 있지만, 향후 짧은 시간에 낮은 비용으로 게놈 해독이 가능해질 것이다. 중장기적으로는 게놈 정보를 기반으로 한 생활 방식 설계(배우자 선택이나 태아의 건강 상태 판단, 장래에 발생 가능한 질병 예측·예방)가 본격적으로 시작되는 세상이 도래한다고 한다. 다른 한편에서는 대량의 개인 데이터 관리와 활용 방법에 대한 문제 인식과 신중한 검토가 진행되고 있다. 또한 미래에는 수명이 100세인 동시에 죽기 직전까지 건강한 고령자가 증가하는 '100세 항노화(anti-aging) 시대'가 도래함으로써 연금·고용 제도를 포함한 사회 시스템 전반을 재설계할 필요성이 급격하게 제기될 가능성이 높다.

특히 건강한 노인이 증가하면서 주목받는 사회 문제가 바로 치매이다. '즐거웠던 과거의 일에 대한 기억'이 치매 증상을 억제하는 사례를 보면 간병 서비스나 약물에 의존하는 것 외에도, 기억을 디지털 데이터로 보관하고 이를 치매 예방에 활용하는 등 다양한 기술과 서비스가 탄생할 여지가 있다. 이미 기술적 검증 단계에 있는 뇌 내 기억의 외부화도 눈여겨 봐 둘 필요가 있다.

한편으로는 우주나 해저 등 인류가 아직 개척 중인 분야를 연구하는 기술 진보의 동향과, 그것들이 초래할 새로운 사회 문제의 동향에 대해서도 살펴볼 필요가 있다.

예를 들어 중국은 우주 개발을 장기 발전의 핵심 국책 과제로 정했다. 이를 군사 기술 개발과 일체화해서 추진 중이며, 2020년을 전후해 독자적으로 우주 정거장을 건설할 계획도 가지고 있다. 미국과 유럽까지 참여하는 자원 획득 경쟁이나 신산업 창조에 집중될 '우주에서의 패권 경쟁'은 한층 더 격렬해져 간다.

2020년을 목표로 위성에서 사람이나 물건의 위치를 특정·추정하는 기술의 오차는 현재의 10㎝에서 2~3㎝로 줄어들 것으로 예상되고 있다. 농장이나 광산에서의 자동 운전 제어 외에 지진 예측이나 지진 진원지의 특정 등 재해 대책 분야에 대한 응용도 시작된다. 한편으로 지구의 주회 궤도(orbit)상에 있는 임무를 다한 위성이나 그 부품, 폭발한 파편 같은 우주 쓰레기(space debris)가 위성과 충돌하면서 위성이 고장나거나 지구에 부품이 낙하하는 사태 같은 사회 문제도 점점 더 심각해지고 있다.

Information & Communication
정보의 창조·활용·유통·보호 추진

정보 기술(Information Technology, IT)은 사회에 깊숙이 침투함으로써 그 기술·서비스의 진보가 사회 문제 해결에 기여하며, 아울러 새로운 사회 문제까지 산출하는 등 사회 문제와 직결되고 있다.

페이스북이나 트위터 등의 소셜미디어는 신흥국에서도 널리 보급되어 사회 이노베이션을 일으키는 강력한 도구가 되고 있다. 튀니지의 재스민 혁명(Jasmine Revolution)을 발단으로 아랍 제국에서의 시민운동인 이른바 '아랍의 봄(Arab Spring)'*에 소셜미디어가 강력한 확산 도구가 되었던 예는 널리 알려져 있다. 아랍 지역 여러 나라들의 정치 체제에 대해서 시민이 안고 있는 잠재적인 불만이 소셜미디어를 통해서 널리 전파되었고, 단숨에 세계적으로 지지 네트워크가 형성되었다. 이것은 바로 소셜미디어가 사회 문제를 현실로 끌어내 여론 형성이나 사회 운동으로 이어 주는 강력한 도구가 되고 있다는 증좌다.

———
* 2010년 12월 이래 중동과 북아프리카에서 일어난 반정부 시위들이다._옮긴이 주

이로 인해 기업이 아무리 CSR 활동으로 사회 공헌을 하여도, 본업이 세계의 어딘가에서 어떠한 사회 문제를 일으키거나 심각한 상황을 일으키고 있다면, 그 사태가 소셜미디어에 의해 전파될 리스크를 피할 수 없는 세상이 도래하고 있는 것이다.

한편으로 정보 기술이 급속하게 발전하여 유통하는 정보량과 그 전파력이 높아지는 가운데 염두에 둘 최대의 사회 문제는 정보 보안과 데이터 보호, 더불어 3D 프린터 등의 기술 진전에 의해 야기되는 범죄와 사고일 것이다.

IDC(International Data Corporation)의 조사에 따르면 디지털 유니버스Digital Universe(전 세계에서 생성·복제되는 디지털 정보의 총량이다)는 2010년에 1.3ZB[*]에 달하고, 2020년까지 10년 동안 적어도 30배가 증가한 40ZB에 달할 것이라 예상된다. 정보는 클라우드 기술과 서비스로 급속하게 집약된다. 그러나 정보 분야는 사람 대 사람에서 사물 인터넷(Internet of Things, IoT)'처럼 모든 물건에 인터넷으로 접속하는 시대를 맞고 있다. 2020년에는 인터넷 사용 인구의 6배에 달하는 물건이 네트워크에 상시 접속될 것이라 전망된다.

그와 같은 상황에서는 국가나 기업을 향한 사이버 공격이나 내부 기밀 등 정보의 누설과 같은 사건이 끊임없이 발생한다. 보안 대책은 기업에 머물지 않으며 국가 차원에서 아직 보완 중이다. 예를 들어

---

[*] 제타 바이트(Zetta-byte)는 '10^{21}바이트'를 나타낸다._옮긴이 주

2010년 스턱스넷Stuxnet 때문에 세계는 크게 놀랐다. 스턱스넷은 전기와 가스라는 사회 인프라를 제어하는 시스템의 일종으로, 해외에서 널리 사용되는 스카다(Supervisory Control And Data Acquisition, SCADA)* 시스템의 부정 조작을 가능하게 한다. 바로 이 스턱스넷이 당시 이란 원자력 발전소 탈취를 노린 것이다. 종래 스카다와 같은 인터넷에 접속하지 않는 제어계 시스템에는 바이러스 침입이 어렵다고 생각되었다. 하지만 현실적으로 감염이 명확해져 주목을 받은 것이다.

그에 따른 막대한 피해는 개인을 대상으로도 크게 확대될 가능성도 있다. 예를 들어 심박 조율기(pacemaker)를 해킹을 통하여 부정 조작하는 것이 기술적으로 가능해졌다. 또 '제조혁명'이라고도 불리는 3D 프린터 기술의 발전으로 총기를 간단히 양산할 수 있게 되었다.

인터넷을 통해서 정보의 누설이나 파괴, 혹은 물건의 부정 조작까지 가능해졌다. 개인과 기업, 국가 모두 광범위하게 리스크에 노출되어 있다. 그리고 비약적으로 늘어나는 정보량과 기술 혁신에 의해서 리스크는 더욱 증대한다. 이러한 보안 리스크 회피와 연계되는 기술·서비스 시장이 향후에도 지속적으로 성장할 것이라는 사실에는 의문의 여지가 없다.

그 외에도 정보 인프라의 확대·심화와 더불어 온라인상에서 새로

---

* 감시 제어 데이터 수집이다._옮긴이 주

운 질서를 정비할 필요성이 높아질 가능성이 있다.

독일 벤처 기업 '로켓 인터넷Rocket Internet'처럼 실리콘 밸리 벤처 기업 등의 최신 사업 모델을 모방한 복제 서비스를 가동한 후, 재빨리 서비스를 매각함으로써 이익을 올리는 사업도 나오고 있다. 이런 가운데 콘텐츠 관련 사업의 상표·특허 등이 각국 및 국가 간 시스템으로 어떻게 움직일지는 아직 불투명하다.

또한 중국과 미국 등에서는 특히 가상 공간에서의 후각·촉각 등 감각에 어필하는 기술까지 개발되고 있다. 가상 공간 플랫폼이 증가하고 다양해져 이 때문에 현실과 가상의 구분이 모호해졌다. 가상 공간에 깊이 빠진 중독자가 증가하고 있는 것 역시 문제가 되고 있다. 가상 공간 중독이 새로운 범죄로 발전하는 것과 같은 악영향도 향후 커다란 사회 문제로 이어질 가능성이 있다.

정보 기술의 빠른 진보로 인해 발생하는 새로운 사회 문제와 함께 잊지 말아야 할 것은 정보 격차(digital divide)*이다. 아직도 전 세계 인구 중 3분의 2가 인터넷에 접속할 수 없다. UN의 관련 전문 기관과 국제 전기 통신 연합(ITU)에 따르면, 2017년 말까지 인터넷 접속이 가능한 인구는 36억 명에 불과하며, 이는 전 세계 인구의 48%라고 예측된다. 이는 여전히 '40억 명은 인터넷에 접속할 수 없는 환경

---

* 인터넷 등을 활용한 정보화가 가져오는 경제 격차나 불평등이다._옮긴이 주

에서 살고 있다'는 의미이다. 더군다나 그중 90% 이상은 후진국 또는 개도국 사람들이다.

본서 제8장에서 소개하는 바와 같이 구글은 세계적으로 심각한 이 같은 사회 문제 해결 방안을 검토하기 위한 오픈 플랫폼을 스스로 설립하려 하고 있다. 이때 거론되는 사회 문제의 하나가 정보 격차의 해소이다. 이와 같은 문제를 해결하기 위해서 구글은 2013년에 '룬 프로젝트Project Loon'를 실시하였다. 이 실험에서는 19세기형 기술인 기구를 사용하여 여객기의 비행 고도보다 2배 높은 고도에서 바람을 타고 비행하는 기구 군群을 조직하여, 현재의 '4G 네트워크'와 같거나 또는 그것보다 빠른 속도로 인터넷 접속이 가능한 시스템을 지상에 구축하는 것을 목표로 하고 있다.

National Harmonization
국가를 초월한 정치·경제 측면에서의 협력과 국제 분쟁

정치·경제 측면에서의 커다란 조류로 인해 다각적 무역 체제인 WTO(세계 무역 기구)가 실질적으로 기능을 하지 못하고 있다. 그 가운데, FTA(Free Trade Agreement, 자유 무역 협정)와 EPA(Economic Partnership Agreement, 경제 동반자 협정)로 대표되는 양 국가 간 경제 동반자 협정이나 TPP(Trans-Pacific Partnership, 환태평양 경제 동반자 협정), RCEP(Regional Comprehensive Economic Partnership, 동아시아 지역 포괄적 경제 동반자) 등으로 대표되는 다국 간 '경제 동반자 협정'이 주류가 되고 있다는 점을 빼놓을 수 없다. 이러한 새로운 경제적 틀에서 정해진 룰의 대두로 인해 사람·물건·돈의 흐름이 변해 간다. 그렇지만 이러한 협정의 동향은 복잡하다. 또한 그 배경에는 각국의 산업 발전 동향이나 사회 문제 동향의 차이 등 국가별로 서로 다른 사정이 있다. 따라서 현시점에서는 먼저 주의 깊게 TPP나 RCEP 등을 하나씩 풀어 가면서 기업에 나타날 새로운 기회와 위협을 정리해 둘 필요가 있다.

또한 환경 문제를 시작으로 여러 국가들 간에 사회 문제 해결을 위한 국제적인 틀을 형성함으로써 새로운 시장이 생겨날 가능성도 파악해 두면 효과적일 것이다. 기후 변화 협약(Framework Convention on Climate Change, FCCC)하의 기후 변화 당사국 총회(Conference of the Parties, COP)에서 캐나다, 러시아, 일본은 '교토 의정서' 제2 약속 기간에 대한 참가 보류 결정을 내렸다. 이를 통해 '포스트 교토 의정서'가 될 새로운 질서 책정 논의가 본격화되고 있다.

국제 협조의 또 다른 예로는 이슬람교라는 종교를 축으로 한 틀이다. 이슬람 협력 기구(Organization of Islamic Cooperation, OIC)는 세계 62개국 8개 조직으로 구성된, 세계 13억 명의 이슬람교도를 대상으로 협조를 논의하는 조직이다. 이슬람 시장에서 관심이 높은 '할랄

Halal(이슬람법에서 허락한 항목을 가리키며, 항목으로, 식품·화장품·의약품 등에까지 적용된다)'에 대해 최근 국가별로 달랐던 제도를 문제로 인식하고 통일화를 향한 논의를 가속화하고 있다. 세계 인구 중 이슬람교도가 차지하는 범위가 거대한 만큼 관련 동향은 확보해 두기 바란다.

마지막으로 국제 협조가 진전하는 한편, 이미 발생했거나 향후 나타날 수 있는 커다란 사회 문제의 동향도 파악할 필요가 있다.

최근 미국에서는 1980년대에 개발되었으나, 수평시추 등의 채굴기술이 개발되지 않아 시추가 곤란했던 셰일 층에서의 상업적인 가스 채굴이 기술 진보에 따라 가능해졌다. 중국에 이어 셰일가스 매장량 세계 2위인 미국의 에너지 정보청(U.S. Energy Information Administration, EIA) 자료에 따르면, 미국의 셰일가스 생산이 2010년 5Tcf*로 총 천연가스 생산분 21Tcf의 23%에서, 2035년에는 13.6Tcf로 49%까지 증가할 것으로 전망하고 있다. 이에 따른 세계 에너지 시장의 변화가 미국의 중동에 대한 정치적 입지에도 변화를 초래한다는 주장이 있다. 정치와 안전 보장 측면에서 미국이 대 중동 정책 비중을 크게 줄이는 것이 결과적으로 미국의 군비 삭감으로 이어지고 있다. 하지만 한편으로 아시아 지역 등에서는 군비 예산과 군수 물자의 증대가 예상되고 있어, 지역 간 분쟁 리스크는 줄어들지 않는다.

국제 분쟁을 바라는 국가는 없지만 국제 분쟁의 불씨를 직접 끄는

---

* Tcf, Trillion cubic feet, 1조 입방피트이다._옮긴이 주

것은 매우 곤란하다. 한편, 해당 불씨를 직접 끄지 않더라도 분쟁국이 안고 있는 분쟁의 배경이 되고 있는 사회 문제 해결을 시장의 기회로 삼을 수 있다. 동시에 그 시장에 대한 솔루션을 제공함으로써 분쟁 리스크를 줄이도록 할 수 있다면 그 사업이 가진 대의명분의 힘은 단숨에 높아질 수 있다.

Demographics
인구 변화의 조류와 공생

인구 동태의 구조적인 변화는 사회 문제를 낳는다. 인구 동태를 국가별 인구나 경제력, 연령 구성뿐만 아니라 종교, 직업, 건강 상태, 거주 지역 등 다양한 측면으로 파악하면 다음에 어떤 사회 문제가 닥칠지를 예상할 수 있다.

세계적인 인구 구성의 변화와 경제력의 구조적 변화에 대해서는 언급할 필요도 없다. UN에 따르면 2012~2030년에 세계 전체의 인구는 70.5억 명에서 83.2억 명으로 12.7억 명 증가할 것으로 예상하고 있다. 그 가운데 95%가 선진국 이외의 국가에서 나타날 것으로 본다. 또한 경제력 측면에서 미국 브루킹즈 연구소(The Brookings Institution)의 조사에 따르면, 2012년에 약 20억 명으로 세계 전체 인구의 30% 정도였던 '중산층'은 2030년까지 약 49억 명이 되어 세계 인구의 60%에 도달한다고 한다.

품질을 떨어뜨려서라도 가격을 내리지 않으면 구매할 수 있는 제품이 없는 빈곤층은 지속적으로 줄어들 것이고, 그러면 품질이 확실한 제품을 가급적 저렴하게 구입하려는 50억 명의 중산층으로 이루어진 시장이 형성된다. 제1장에서 언급한 바와 같이 신흥국이나 개도국에서 사회 문제 해결을 요구하는 NGO 수는 증가하고 있다. 중산층이 증가함에 따라 사회 문제에 대한 관심도는 급속하게 높아지기 때문이다.

선진국 기업이 신흥국과 개도국에 공급하고 있는 '품질을 일정 정도 떨어뜨린 상품'이 있다. 예를 들어 연비나 배기가스 같은 환경에 대한 요소들을 덜 배려한 자동차와 같이 선진국 기준에서 보면 '환경 파괴를 상대적으로 조장하고, 사회 문제를 확산하는 상품'일 경우도 있다.

최근에는 신흥국에서도 그와 같은 이른바 '사회 문제 확산형 상품'이 사회 문제로 명확하게 인지되어, 사회 영역에서 엄하게 공격받는 예도 실제로 나오기 시작하였다. CSV는 신흥국 및 개도국에서 반드시 추진해야 할 활동임을 다시 한 번 인식하여야 한다. 그리고 목표로 하는 시장에서 구체적인 사회 문제 동향을 확보할 필요가 있다.

또한 연령 구성이라는 관점에서는 저출산과 고령화가 서서히 세계적인 사회 문제로 강하게 인식되고 있다. 2020년에는 세계 고령자(60세 이상)가 10억 명, 공식적으로 인정받은 치매 환자가 4200만 명에 달한다고 한다. 그중에서도 중국은 이미 세계에서 고령자가 가장 많은 나라이다. 그래서 간병·복지 제도 마련이 국정 안정화를 위해서라도 중요한 과제로 떠오르고 있다. 일본은 이 문제에 있어 '선진국'이다. 인구 동태의 변화에 의해 발생하는 사회 문제와 그 해결에 이바지하는 혁신적인 사업을 창출해 세계로 뻗어 나갈 여지가 아직 충분히 남아 있다. 특히 인체의 항노화가 진행되는 향후에는 실제 평균 수명과 건강 수명(일상적으로 간병이 필요하지 않고, 자립해서 생활이 가능한 생존 기간)의 간격이 넓어지고, 그래서 그 간격을 메우기 위해 투입되었던 거대한 의료 비용이 더욱 증대할 수 있다는 위험성이 부상하고 있다. 건강 수명을 신장시키기 위한 중요한 과제의 하나로, 예를 들어 '치매 대책'에 거대한 이노베이션을 창조할 원천이 있다는 사실은 의심의 여지가 없다.

종교 구성이라는 관점에서는 향후에도 높은 출산률을 유지하리라고 예상되는 이슬람교도가 그리스도교도를 압박할 정도로 증가하고 있는 것이 주목해야 할 점이다. 이슬람교도들이 가장 많이 사는 나라인 인도네시아에서는 2030년에 중산층 이상의 인구가 2012년에 비해 약 3배 증가할 것이라는 예측도 있다.

제6장에서도 언급하겠지만 이슬람교도의 교의敎義*인 샤리아Sharia

---

* 어떤 종교의 신앙 내용이 진리로서 공인된, 종교상의 가르침이다.

(이슬람법의 체계)에 의거해서 허락되는 물건·행위를 나타내는 할랄 관련 시장은 2015년에 전 세계적으로 1500조 원에서 2019년에는 배가 증가한 2700조 원에 이를 것으로 예상된다.

한편으로 이슬람권 국가들에서는 청년 실업 문제나 환경 문제, '아랍의 봄'으로 대표되는 정치 체제, 국제 분쟁 등 여러 가지 사회 문제가 존재하고 있다. 이슬람 시장을 공략하려면 인구 증가에 따라 더욱 심각해질 가능성이 있는 이러한 사회 문제를 각각 파악해 둘 필요가 있다.

인구 동태상의 변화가 초래하는 사회 문제의 커다란 논점으로서 또 하나 거론되는 것이 '도시로의 인구 집중'이다. 신흥국에서는 2010~2020년에 도시 인구가 약 26%(6.7억 명) 증가할 것으로 예상되고, 그래서 계획적인 택지 개발이 이루어지지 않으면 이른바 도시 스프롤 현상이 사회 문제로 대두될 것이 틀림없다. 무질서한 도시로의 인구 집중이 빈민가(slum)를 형성하고, 대기 오염, 물과 에너지 인프라 부족, 판데믹Pandemic* 리스크 증대 같은 사회 문제를 불러일으킬 수 있다. 또한 이민 정책을 적극적으로 받아들이고 있는 캐나다 등에서는 모자이크 사회(다양한 국적·인종이 모인 사회)의 원활한 형성이 주요한 문제로 인식되고 있다. 다수 세력이던 선주민족이 소수 세력화

---

* 세계 보건 기구는 전염병의 위험도에 따라 전염병 경보 단계를 1~6단계까지 나누는데, 판데믹은 최고 경고 등급인 6단계에 해당한다._옮긴이 주

되는 것처럼 가치관이 크게 다른 주민들이 폭넓게 공존하는 사회에서는 대의명분이 될 수 있는 공통의 '사회적 가치', '공통의 선善'을 모색하고, 그 명분하에서 사회의 조화를 모색해 나가는 것이 바람직하다.

이러한 도시에 얽힌 문제는 널리 논의되고 있는 '스마트 시티'가 갖추어야 할 바람직한 모습을 논의할 때도 거론되고 있다. 또 이와 관련된 국제적인 표준화 기구에서도 도시 환경을 지키기 위한 대응 방안이 마련되기 시작하였다. 이러한 새로운 질서 형성 동향에 이어 바로 생겨날 수 있는 새로운 시장의 기회도 놓쳐서는 안 된다.

인구 동태의 변화가 초래하는 주요한 사회 문제로 마지막에 소개하는 것은 사망 원인을 구성하는 것이다. 여기서는 특히 선진국을 중심으로 진행되는 '비만'을 거론하고자 한다. 2015년까지 세계의 비만 인구가 23억 명, 게다가 2020년까지 전 세계에서 병으로 사망하는 사람 중 비만이 원인인 경우가 73%에 달할 것이라 예측된다. 앞에서 기술한 도시화의 진전에 의해서 식생활이 변화하고 당분 섭취량이 증가하는 것도 상승효과를 일으켜 세계적으로 어린이 비만을 포함해 비만 문제가 심각해질 것이다. 따라서 유아·청소년기부터 생활습관과 식생활에 관한 교육이 요구되고 있다.

한편으로 의료 종사자 수 부족도 사회 문제로 나타나고 있다. 일본 국내에서는 2015년에 의사가 7만 8,000명, 간호사는 약 50만 명 부족했다. 미국에서는 2020년에 20만 명의 의사가 부족할 것으로 예상되며, 세계적으로도 심각한 의사·간호사 부족 시대가 도래한다는 사실이 문제시되고 있다. 예방 관련 시장의 확대, IT나 인공지능(AI)을 응용한 의료 현장에서의 다양한 로봇 활용, 원격 의료 서비스, 신흥국도 포함한 국제 의료 관광 등 이러한 사회 문제만을 통해서도 다양한 신시장의 기회를 찾을 수 있다.

Economics & Finance

경제·금융 기능의 활용과 제어

우리는 리먼 사태를 통해 자본 시장의 부정적인 측면을 보았다. 그 후에는 그리스에서 시작된 유럽 금융 위기를 통해 재정 파탄 리스크의 심각화 등도 경험했다. 그 뒤로부터 전 세계적으로 경제·금융 본연의 기능에 관한 논의가 진행되고 있다.

범용화 시장에 대한 방대한 투기 자본의 유입이 시장의 변동성(volatility)*을 증대시켜 원유, 광물, 농산물, 해운 등의 가격 급등을 촉진함으로써 소비자에게 미칠 영향도 적지 않다. 특히 '아랍의 봄' 직전에 이집트에서 일어난 밀가루 가격 급등이 정부에 대한 불만을 폭발시키는 계기가 되었던 것은 널리 알려져 있다. 이처럼 식량 가격이

---

* 실현 수익률이 기대 수익률을 벗어날 위험(리스크)의 크기다._옮긴이 주

급등해 신흥국이나 개도국에서 심각한 폭동이 일어난 사례는 세계적으로도 많다. 또한 이러한 국가들에서는 금융 제도가 충분히 정비되지 못하였기 때문에 마이크로 파이낸스micro-finance*를 효과적으로 활용하는 사업의 미래가 밝다. 저소득계층을 위한 금융 기능의 정비·확대가 진행되고 있는 것이다. 마이크로 파이낸스의 시장 규모는 2015년에는 2500억 달러에 달할 것으로 예상된다.

다만 마이크로 파이낸스 관련 기업이 급증하여 경쟁이 격화될 수 있다. 동시에 고객의 다중 채무와 회수가 심각한 문제로 부상하고 일부 기업의 파탄 등도 문제가 될 것이다. 게다가 채무자의 자살이 증가하는 것과 같은 문제 외에도, 빈곤층 중에서도 더욱 빈곤층을 양산하는 등 새로운 사회 문제를 불러일으키는 리스크까지도 내포하고 있다.

한편, 예를 들어 미국에서는 클라우드를 활용한 자금 조달이나 마케팅 방법이 일반화되어 투자 장벽이 낮아졌다. 이에 지식이 없는 개인 투자자가 증가하여 새로운 사회 문제를 불러일으키는 리스크에 대해 인식하기 시작해 클라우드 펀딩 관련 법률이 제정되기도 하였다. 최근 크게 주목을 받고 있는 '비트코인Bitcoin'**과 같은 새로운 화폐 모델에 대해서도 아직 리스크는 높고, 새로운 사회 문제의 원천이 될 수 있기 때문에 주목해 볼 필요가 있다.

---

* 저소득층에 대출, 저축 또는 보험 등의 금융 서비스를 소액 규모로 제공하는 사업이다. 그 목적은 저소득층이 목돈을 마련할 수 있는 기회 제공이다._옮긴이 주

** 2009년 1월 '사토시 나카모토'라는 필명의 프로그래머가 개발한 비트코인은 실제 생활에서 쓰이는 화폐가 아니라 온라인 거래상에서 쓰이는 가상 화폐다._옮긴이 주

Environmental Resource

지구 천연자원 채굴에 따른 피해 극복

지구 환경과 관련한 사회 문제가 FINDER 중에서도 가장 경제적으로 파급력이 크다는 사실은 더 이상 설명할 필요도 없을 것이다.

지구 온난화와 더불어 기후 변화만으로 전 세계에 연간 5000억 달러의 피해가 발생하고 있다고 한다. 향후에도 그 피해가 확대될 것은 분명하다. 기후 변화에 관한 정부 간 기후 변화에 관한 정부 간 협의체(Intergovernmental Panel on Climate Change, IPCC)[*]가 2013년에 발표한 제5차 보고서에 의하면 지구 온난화의 원인은 인위적 활동이다. 세계적인 평균 기온 상승이 농작물 재배 지역을 변화시켜 인구 증가에 따른 식량 부족 리스크를 높이는 것도 그 예다. 열 스트레스는 사망 리스크를 상승시킨다. 뿐만 아니라 생태계 변화에 의해서 전염병 매개 생물의 분포 영역도 확대된다. 해양 생태계는 지구 온난화에 따른 온도 변화에 인간들의 남획도 더해지면서 천연 수산 자원이 고갈되는 문제도 발생하고 있다. 그 결과 양식에 의한 수산물 생산 비율이 2020년까지 전체 수산물 생산량의 40%까지 증가할 것으로 예측된다. 해수면 상승과 더불어 지하수의 염수화나 태풍, 폭우, 홍수 등 기상 조건의 변화에 따른 재해 위험도 높아지고 있다.

---

[*] 1988년 지구 환경 가운데 특히 온실화에 관한 종합적인 대책을 검토할 목적으로 UN 산하 각국 전문가로 구성된 조직이다._옮긴이 주

에너지나 수자원을 필두로 광물 자원, 산림 자원 등도 포함한 감소·고갈에 대한 대책 역시 세계적으로 심각한 사회 문제임은 두말하면 잔소리다. 특히 에너지 문제와 관련하여 최근 '탈석유', '이산화탄소 감소' 같은 단순한 구도에서 벗어나 셰일 가스 혁명으로 새로운 탄소 유래 에너지에 관한 이슈가 등장했다. 또한 원자력 발전에 따른 시시비비에 대한 판단, 태양광·풍력 같은 재생 가능 에너지뿐만 아니라 수소 에너지 같은 새로운 에너지원의 활용 가능성도 대두되었다. 여기에 더해 IT 네트워크로 전력 소비를 제어하는 수요 반응(Demand Response)과 같은 새로운 비즈니스 모델의 제창 등 주목해야 할 동향은 헤아릴 수 없이 많다.

수자원과 관련하여 2030년에는 세계 인구의 47%가 물 부족을 겪으리라는 중대한 문제가 대두되고 있다. 물 부족 사태의 원인은 단순하지 않다. 예를 들어 선진국에서 소비되는 순면 셔츠 1장을 제조하는 데 필요한 물의 양은 일반적으로는 2,700ℓ다. 100그램의 소고기를 생산하는 데 필요한 물의 양은 1,550ℓ다. 이는 신흥국 중 물 스트레스* 지역에서 하루에 사용 가능한 물의 양인 1,000ℓ를 넘고 있다. 선진국에서 입고 먹고 생활하기 위하여 신흥국의 하루 소비량을 훌쩍 뛰어넘는 양의 물이 필요하게 되면서, 신흥국에서는 생활에 필요한

---

* 물의 총 수요량을 1년간 쓸 수 있는 수자원으로 나눈 것이다. 물 수요가 사용할 수 있는 물에 비해 10%를 넘으면 물 스트레스 상태, 10~20%는 낮은 스트레스 상태, 20~40%는 보통 스트레스 상태, 40% 초과는 심각한 스트레스 상태를 나타낸다._옮긴이 주

물 사용이 점점 더 어려워지고 있는 것이다. 이러한 문제들을 해결하기 위한 대책인 '물 이용량을 가시화하기 위한 대응(water footprint)'[*] 이라든가, 국가별 물 사용량을 가시화하는 프로젝트[**] 등에도 주목하여야 한다.

한편으로 지구 환경 자원의 사용 후라고 하는 관점, 즉 대기 오염, 토양 오염, 수질 오염이나 쓰레기 문제도 각각 심각한 사회 문제로 인식되고 있다.

일단 중국을 예로 들어 보자. 중국에서는 PM2.5[***]로 대표되는 심각한 대기 오염으로 인해 2020년에는 매년 적어도 2000만 명이 호흡기 질환을 앓을 가능성이 있다고 한다. 게다가 토양 오염과 수질 오염으로 인해 발생하는 농산물 공급 리스크도 점점 심각해지고 있다. 또한 2020년에 중국에서만 연간 4억 톤의 쓰레기가 발생할 것으로 예측되고 있다. 이미 현시점에서 베이징 주변에는 위성 사진으로 확인할 수 있을 정도의 쓰레기가 베이징을 둘러싸고 있는 것처럼 여기저기 산재하고 있다. 이것이 전염병 등의 2차 환경 오염으로 이어질 것이라는 불안도 고조되고 있다.

---

[*] 물발자국은 제품 생산에서 폐기에 이르는 전 과정에서 직간접적으로 소비되거나 오염되는 물의 양을 모두 더한 양이다._옮긴이 주
[**] 가상수(virtual water)는 눈에 보이지 않는 물이라는 뜻이다. 즉, 사람이 직접 마시고 씻는 데 사용한 물, 또는 음식이나 제품을 만드는 데 소요되는 물을 합친 총량을 말한다._옮긴이 주
[***] 지름 2.5㎛ 이하의 초미세먼지이다._옮긴이 주

NGO가 차세대 이노베이션의 출발점

사회 문제가 차기 이노베이션의 원천이 되는 것은, 사회 문제 해결을 목적으로 하는 NGO가 향후 기업의 이노베이션 활동에서도 매우 중요한 역할을 담당할 것이라는 의미이다.

제1장에서도 기술한 것처럼 전 세계를 무대로 활동하고 정책을 제언하는 능력까지 있는 NGO는 세계적으로 증가하고 있다. 특히 아시아 및 아프리카의 신흥국에서 그 증가가 두드러진다. 유력한 NGO는 다양한 측면에서 영향력을 발휘하고 있다.

예를 들어 기업이 변혁하도록 압박하는 캠페인 전개로 유명한 NGO인 그린피스^{Green Peace}는 IT 기업에서 운영하는 데이터 센터의 에너지 소비를 문제시하여 Cool IT 캠페인을 세계적으로 전개하였다. 그린피스는 데이터 센터에서 막대한 전력을 사용하고 있는 유력한 IT 기업을 찾아내어, 이를 100% 재생 가능한 에너지로 조달할 것을 제안하였다. 그 결과 애플이나 페이스북, 이베이 같은 글로벌 IT시장 리더 기업들이 데이터 센터에 공급하는 전력 생산을 위한 에너지 소비 환경을 개선하겠다고 선언하기에 이르렀다.

최근에는 양국 간 경제 교섭의 장에서 NGO의 존재감이 증가하고 있다. 대서양을 사이에 둔 EU와 미국의 포괄적 FTA인 환대서양 무역 투자 협정(Transatlantic Trade and Investment Partnership, TTIP)에서도 교섭 개시에 앞서 검토 단계에서 NGO의 의견이 수렴되고 있다. 유력한 NGO는 이미 글로벌 기업이나 정부를 움직일 수 있는 힘을 갖추고 있는 것이다. 지역별 사회 문제의 현실을 최전선에서 가장 자세히 알고 있는 주체가 NGO이기 때문이다. 물론 해결책의 선택지를 포함한 가장 폭넓은 식견과 노하우를 보유하고 있는 것 역시 기업이다. 하지만 그 지역에 살고 있는 일반 주민들을 대신하여 해당 사회 문제 해결을 지향하고 있는 조직이 NGO이다.

NGO는 그 성립 때부터 조직 활동을 오픈 플랫폼화하기 쉽다. 말하자면 사회 문제 해결을 위해서 연계가 효과적이라고 생각한다면 정부 기관, 기업 또는 같은 주제를 다루는 별도의 NGO와도 오픈하여 연계하는 것을 마다하지 않는다. 그래서 자유로운 이노베이션 네트워크의 허브로 NGO는 빈번하게 활용되고 있다.

각각의 NGO가 지향하는 사회 문제는 그 주제와 지역 측면에서 여

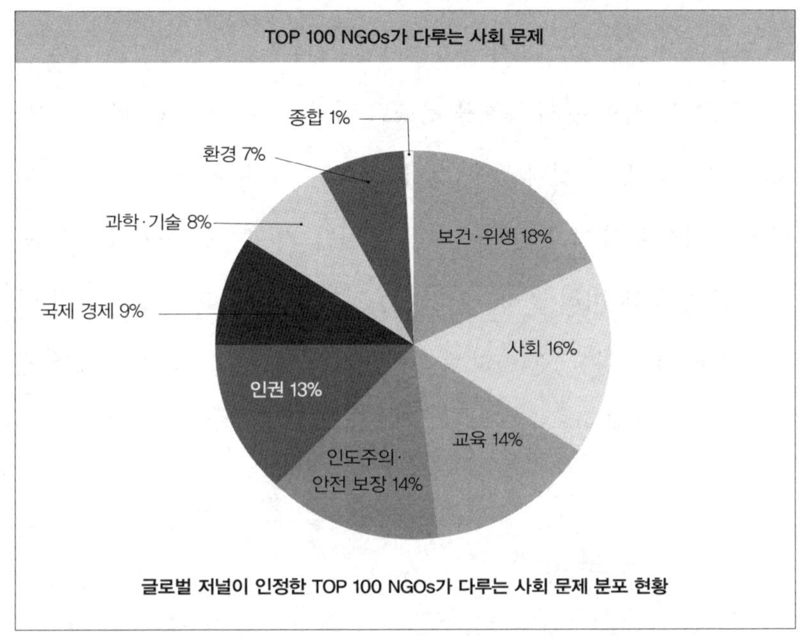

사회 문제별 주요 NGO

※괄호 안은 해당 NGO의 본거지

보건·위생	Partners In Health(미국), 국경 없는 의사회(스위스)
사회	CEASE FIRE(미국), Transparency International(독일), Self−Help(미국)
교육	Teach For America(미국), Youth BUILD USA(미국)
인도주의· 안전 보장	Danish Refugee Council(덴마크), Mercy Corps(미국), Oxfam International(영국)
인권	CARE International(스위스), Save the Children(영국)
국제 경제	BRAC(방글라데시), +ACUMEN(과거 Acumen Fund, 미국)
과학·기술	Wikimedia Foundation(미국)
환경	CERES : Coalition for Environmentally Responsible Economies(미국), Global witness(영국), Greenpeace International(네덜란드), WWF(미국), Rainforest Alliance(미국), Environmental Defense(캐나다)

출처: 〈글로벌 저널*Global Journal*이 선정한 Top100 NGOs〉 등을 바탕으로 딜로이트 작성

러 갈래로 갈려 복잡하게 걸쳐 있다(도표 3-2). 따라서 향후 CSV를 통한 이노베이션을 활용해 사회 문제에 본격적으로 대응하려는 일본 기업은 세계의 사회 문제 해결을 목표로 활동하는 주요 NGO의 동향을 조사·분석해 두는 것이 좋을 것이다. 이는 거시(Macro) 경제 동향이라든가 경쟁 관계에 있는 타사의 동향 등 중기 계획을 짜거나 사업 전략을 책정할 때 미리 조사·분석하는 것과 마찬가지다. 그러니 각 주제에 관하여 유력한 NGO의 움직임을 파악하고 그들과의 관계를 전략적으로 구축해 가는 것이 향후 필수적이다.

사회성이 강한 기업은
CSV 진화 가능성이 높은 기업

　일본 기업은 글로벌 시장에서 진행되는 범용화에 대한 대처가 늦어져 세상에 없는 새로운 가치를 창조하는 능력이 떨어진다. 그런 일본 기업에 CSV를 통한 이노베이션은 새로운 경쟁 방식의 힌트를 제공한다. 종래의 경쟁 방식이 통용되지 않고 있는데도 새로운 성공 공식을 찾을 수 없는 일본 기업에는 지금이야말로 CSV에 이노베이션을 결합한 도전이 필요하다.

　실제 일본 기업은 이 방식으로 세계를 리드할 수 있는 다음과 같은 3가지 강점을 본질적으로 갖추고 있다.

　① 일본인이 가지고 있는 고도의 사회성

② 일본이 직면한 선구적 사회 문제

③ 세계적으로 높은 평가를 받는 고도의 기술력

첫 번째, 많은 문헌에서 소개되고 있듯이 일본 기업은 역사적으로 '산포요시三方よし'*를 중시했다. '공통의 선'을 축으로 하는 경영을 실천하고, 또 오랜 기간 축적하여 온 것이다. 이것이 기본이 되어 지진과 같은 재해가 발생해도 질서 있는 행동을 하게 된다. 바로 일본인이 가지고 있는 고도의 '사회성'이다. 냉혹한 비즈니스 무대에서 한발 벗어난 사회적인 세계에서 일본의 높은 신용은 CSV를 추진할 때 대단한 브랜드 프리미엄이 될 수 있다.

두 번째, '사회 문제의 선진국'이라는 말이 일본 내에서 일시적으로 유행했던 것처럼 일본에는 세계가 향후 직면할 가능성이 높은 사회 문제에 세계적으로 한발 앞서 직면하고 있다. 고령화 문제라든가 에너지 등과 관련한 사회 문제를 일본은 이미 겪고 있다. 이는 사회 문제 해결을 위한 강력한 '실험장'을 앞마당에 갖추고 있는 것과 마찬가지다. 당연히 세계를 무대로 펼칠 수 있는 혁신적인 솔루션이 개발될 확률이 높다. 실제로 이것을 인지한 일부 글로벌 기업은 일본에 연구개발 거점을 재배치하려는 움직임도 보이고 있다.

마지막으로 잊지 말아야 할 것은 지금도 높이 평가받는 일본 기업

---

* '판매자에게 좋고, 구매자에게 좋고, 세상 사람에게 좋다'는 의미이다. 오미(近江, 현재 시가 현) 상인의 중요한 경제 이념이다. 판매자·구매자·사회 등 삼방(三方) 모두에 좋다는 뜻이다._옮긴이 주

의 고도로 높은 기술력이다. '기술은 강하지만 사업에 약하다'고 조롱당하기 쉬운 일본 기업은 세계적으로 심각한 사회 문제에 관심을 가지고 CSV를 통한 이노베이션을 지향해야 한다. 그리고 이를 통해 환경 기술을 시작으로, 아직 충분히 세계 시장에서 빛을 보지 못한 기술들을 꽃피울 여지는 충분히 있다고 본다.

2×2 바깥 영역에 대한 대응 자체가 부족한 일본 기업의 돌파구가 될 수 있는 CSV를 통한 이노베이션은, 이처럼 일본 기업이 처음부터 보유하고 있는 소양을 통해 세계에서도 압도적인 강점으로 상승할 수 있는 가능성을 가지고 있다. 일본 기업이 CSV를 중심으로 대의명분, 질서 형성과 이노베이션 현실화 능력 등을 육성·강화한다면 대규모 신사업 창조로 이어질 가능성은 크다.

제2장에서 소개한 바와 같이 일본의 이노베이션 역량은 어려운 상황에 처해 있다. 마치 일본 전체가 딜레마에 빠져 있다는 느낌마저 들 정도다. CSV를 통한 이노베이션을 향한 적극적인 도전이 '대의명분을 목표로 하는 직원 한 사람 한 사람의 열정과 이노베이션에 대한 전향적인 대응 자세'와 만나 일본 기업의 이노베이션 역량 부활로 이어지기를 기대한다.

역량 강화를 위한
일본 기업의 5가지 전략 방향

하지만 실제로 저자가 컨설팅 현장에서 활동하며 느낀 점은 '극복해야 할 벽'이 많다는 것이다.

특히 일본 기업이 부딪치기 쉬운 벽은 5가지이다. 먼저 '극복해야 할 벽'과 그에 대한 전략 방향에 대해서 개략적으로 설명하고, 제4장 이후에는 각각에 대해서 상세하게 기술하겠다(도표 3-3).

전략 방향1: 새로운 사회 문제를 통한 대규모 시장 발견

많은 일본 기업들이 이미 심각한 사회 문제에 자사의 제품과 기술

〈도표 3-3〉 2×2의 바깥 영역을 목표로 추진해야 할, CSV를 통한 이노베이션 프로세스

일본 기업이
부딪치기 쉬운 '장벽'

CSV를 통한 이노베이션 프로세스

비상식으로 불가능

사회 문제에서
대규모 시장을
발견할 수 없다
(비즈니스로 전환 불가능)

기존의 틀을 초월한
사업 범위에 발을
들여놓지 않는다

룰 형성 능력이 없다
(경험 부족)

사회 문제에서
성공 확률이
높은 의제를
발굴한다

바른 이노베이션
프로세스를
사회 문제 해결을
통해 연마하여,
제대로 된
신규 사업을
창조한다

비상식으로 가능

①
새로운 사회 문제에
착상하여 대규모
시장을 발견한다

②
'경계 초월'을 전제로 사업
모델을 구상한다

③
자사에 유리한
환경과 룰 만들기를
준비한다

현재의 상식에 맞춤

외부의 이질적인
지식과 지혜를
잘 활용하여 사업을
만들어 가는 힘 부족

전사적 활동으로
승화할 수 없다

'CSV를 통해
이노베이션'을
재현함으로써
조직 DNA를
단련시킨다

비상식을
미래의 상식으로

④
외부를 끌어들여
사업을 린(lean)하게
구성한다

⑤
재현성을 높이기 위한
시스템화를 도모한다

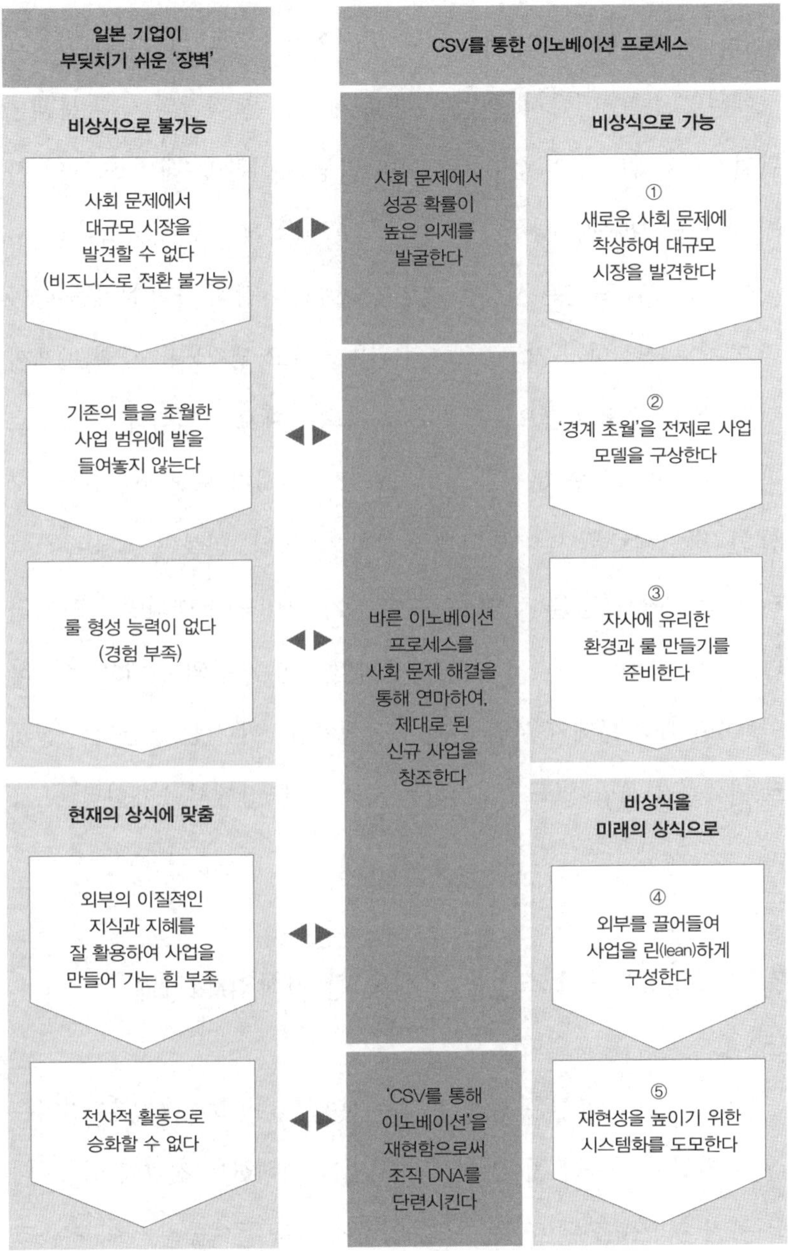

을 적용할 수 있는지 등에 대한 가능성을 검토하고 있다. 사회 문제를 바탕으로 신사업 아이디어를 탐구하고 있는 것이다. 하지만 검토 과정에서 고령화, 에너지 절감, 식량 문제와 같은 각각의 사회 문제를 단편적으로 인식하기 쉽다. 또 이미 발생해 이른바 '레드 오션'인 사회 문제를 거론하는 경우가 많아, 소규모 사업에 머무르기 쉽다.

사회 문제와 관련된 시장을 대형화하려면 각각의 사회 문제를 하나의 개체로 인식하지 않고, 오히려 관계없다고 생각되는 사회 문제까지 복합적으로 조합함으로써 새로운 사회 문제로 재인식하는 것이 효과적이다. 왜냐하면 문제를 복합적으로 검토하다 보면 소위 '블루 오션'인 전혀 새로운 시장 영역을 발굴할 수 있다. 더불어 실제로 각각의 사회 문제 해결을 지향하는 지지자가 모여들어 대의명분도 커진다. 예를 들어 '수자원 고갈'과 '국제적인 범용 시장의 침체'를 조합하면, 어떤 사회 문제와 사업 기회가 탄생할까? 이 같은 조합에서 실제로 거대한 신사업 창조에 도전하는 사례는 제5장에서 소개한다.

전략 방향 2 : 경계 초월을 전제로 한 신사업 디자인

이노베이션의 본질은 경계를 넘는 것에 있다. 그러나 일본 기업은 '우리 기업이 가능한 틀' 안에서만 사업을 인식하는 경향이 있다. 때문에 기존의 틀을 뛰어넘는 사업 영역에 발을 들여놓는 것이 서툴고 경계 초월을 전제로 한 이노베이션 아이디어 착상이 불가능하다. 그렇기 때문에 만약 어떤 매력적인 블루 오션 시장을 발굴할 수 있더라도 자사에서 가능한 것부터 '작게' 시작해서 (단숨에 타 기업에 추월당하여) '작은 채로' 끝나 버리는 딜레마에 빠진다.

글로벌 사회 문제를 바탕으로 걸출한 신사업을 구상해 나가려면 3가지 경계 초월을 전제로 사업 범위를 생각해 가야 한다. 그 3가지는 업계의 틀을 벗어나는 것, 규제의 틀을 벗어나는 것, 국경을 초월하는 것이다. 이러한 전제가 대규모 사업 모델을 구상하는 데 반드시 필요하다.

전략 방향 3 : 스스로 질서 형성에 도전

일본 기업은 새로운 질서를 만드는 데 서툴다고 한다. 역사적으로 보면 일본 기업은 미국이나 유럽 기업이 선행해서 만들어 낸 제품이나 서비스의 품질을 높이는 것에 주력함으로써 경쟁력을 확보하고 성장하여 왔다. 비즈니스에서는 선행자가 만든 질서는 따라야 한다. 그러다 보니 일본 기업은 주체적으로 규칙 만들기에 관여해 본 경험이 애초에 부족하였던 것이다. 이는 일본 기업뿐만 아니라 일본 정부에도 해당되는 점이다.

하지만 사회 문제 해결이 요구하는 영역에는 명확한 질서와 규칙이 만들어지지 않은 경우도 많다. 반면, 다른 한편으로 만들기 쉬운 영역이기도 하다. 따라서 사회 문제에 가까운 시장 참여자인 NGO를 잘 참여시키는 것을 기본으로 중장기적인 관점에서 다양한 참여자의 목소리를 집중적으로 수렴하여 룰 형성을 강력하게 추진해야 한다. 동시에 지속적인 경쟁 우위로 이어지는 전략적인 대응을 위한 도전도 필요하다.

전략 방향 4 : 오픈 이노베이션으로 린 스타트업

일본 기업은 오픈 이노베이션이 좀처럼 진행되지 않는다. 최근 글로벌 경쟁 환경에서 첨단 기술을 보유하고 있는 벤처 기업 등과의 연계를 추진하는 기업은 많다. 하지만 외부의 이질적인 '지知'를 잘 활용하고 있는 예는 결코 많지 않다.

처음부터 사회 문제 해결에 따른 신사업을 창조하기 위해서라도 NGO는 중요한 존재이다. 사회 문제 실태에 정통하고 사회 문제 해결을 향한 세계 최첨단 노하우를 보유했다는 관점에서 그러하다. 최근 창업의 한 방법으로 주목받는 '린 스타트업lean start-up'은 초기의 적절한 가설 설정과 시행착오 과정 때문에 스파링 상대가 필요하다. 하지만 사회 문제를 기점으로 하는 린 창업에 있어서는 NGO를 중심으로 한 오픈 이노베이션 네트워크의 역량이 중요하다.

또한 질서 형성의 측면에서도 NGO나 정부 기관과의 연계가 불가결하다. 따라서 종래 많은 일본 기업에 오픈 이노베이션의 중심 개념이었던 기술에 관한 타 기업과의 연계뿐만 아니라, NGO나 정부 기관 등도 포함한 이질적인 지를 기반으로 한 오픈 이노베이션이 향후에는 필수가 될 것이다. 대의명분을 걸고 사회 문제 해결의 협력 네트워크를 전략적으로 구축하려는 대응도 필요하다. 이와 같이 외부의 지知 네트워크를 확대하는 것은 이노베이션 역량을 높이고, 이노베이션을 실제로 구현하는 능력의 향상으로도 이어지는 것이다.

전략 방향 5 : CSV 확산을 위한 메커니즘의 시스템화

앞서 살펴본 바와 같이 CSV를 통한 이노베이션은 100% 성과가 보증되는 획일적인 것이 아니다. 또한 그 대부분이 아직 조직에서 명문화하기 어려운 암묵지로 구성된 것이 특징이다.

하지만 일본 기업의 이노베이션 추진 담당자에게서 자주 듣는 말은 '경영진이 불확실한 것에 투자하지 않아 어떻게 할 수가 없다', '1~2년 내에 성과가 보이지 않는 안건으로는 경영진을 설득할 수 없다', '사업 부문이나 연구 개발 부문 등 사내 타 부문을 설득할 수 없어 참여시키는 데 한계가 있다' 등이다. 애초에 이노베이션을 진행하는 것조차 불가능한 것이다. 즉, 이노베이션 활동에 제동이 걸리는 요인들 중 압도적인 수가 사외가 아니라 사내에 있다.

성과가 확실하게 예상될 리 없는 이러한 대응에 대해서 부적절한 제동이 걸리지 않도록(즉, 이노베이션 활동이 촉진되도록) 하려면, 사내 조직 내부의 의사 결정 구조나 조직 체제, 신사업 개발 프로세스 등을 정비하는 것이 필수이다. 특히 많은 일본 기업에서 실무적 돌파구가 될 수 있는 것은 '톱다운Top Down에 의한 투자 프로세스의 혁신=비상식을 상식화하는 의사 결정의 실현'과 '바텀업bottom-up에 의한 추진 조직의 혁신=지속적으로 비상식을 창출하는 조직의 실현' 2가지이다.

제4장

전략 방향1

새로운 사회 문제를 통한
대규모 시장 발견

세계적으로 심각한 수준의
사회 문제가 성장 시장을 확대

불가사의하게도 세계적으로 심각한 수준의 사회 문제 해결을 모색하는 과정에서 거대한 성장 시장이 확대되고 있다. 즉, 심각한 사회 문제는 다양한 산업에 영향을 미치는 새로운 시장을 만들어 내는 것이다. 게다가 별도의 사회 문제와 결합됨으로써 추가로 확대되기도 한다. 이와 같은 전파력 있는 사회 문제를 정리하고 해결하는 솔루션이 대규모 신사업 창조로 이어진다.

다음 사례들에서는 세계적으로 진행되고 있는 사회 문제들 중 하나인 수자원 고갈을 예로, 물 부족으로 인한 스트레스가 가져다주는 사업 기회에 대해서 검토해 보자. 수자원이 풍부한 지역에 있으면 잘 못 느끼지만 2000년과 2025년 세계의 물 스트레스 상황을 비교하면 그 심각성을 잘 실감할 수 있다. 2025년에는 중국, 인도, 오스트레일리아, 중동, 북아프리카 등을 비롯하여 미국에서도 심각한 물 스트레스가 있을 것이라는 지적이 있다(도표 4-1).

UN 교육 과학 문화 기구(유네스코)는 2030년에는 세계 인구의 47%가 물 부족에 직면할 것으로 예측하고 있다. 2013년 세계 경제 포럼에서도 세계적으로 영향력이 큰 리스크로 '금융 위기'에 이어 두 번째로 '물 공급 위기'가 거론되었다. 물 부족 사태는 직접적인 대책을 마련하는 데에도 전 세계적으로 연간 약 200조 원이 투입되고 있다고 알려진 큰 시장이다. 이 수자원 고갈이라는 사회 문제를 기점으로 확대되어 가는 성장 시장은 거대하다.

물 부족을 기점으로 한 사업 기회 사례 1 :
새로운 물 공급 인프라 시장의 움직임

세계 수자원의 97%를 차지하는 해수에서 염분을 제거하여 담수화하는 해수 담수화 플랜트 시장은 향후 2025년까지 8~9% 수준의 고성장을 계속할 것으로 예측된다. 지금까지 해수 담수화 플랜트의 주력 시장은 중동 지역이었다. 하지만 2016년까지 가장 신장할 것으로 예상되는 시장은 미국의 캘리포니아 주, 텍사스 주, 플로리다 주 같은 지역이다. 또한 오세아니아, 아시아, 아프리카 등지에서도 속속 담수

<도표 4-1> 거대 시장화 가능성이 높은 사회 문제 해결 분야 '물'

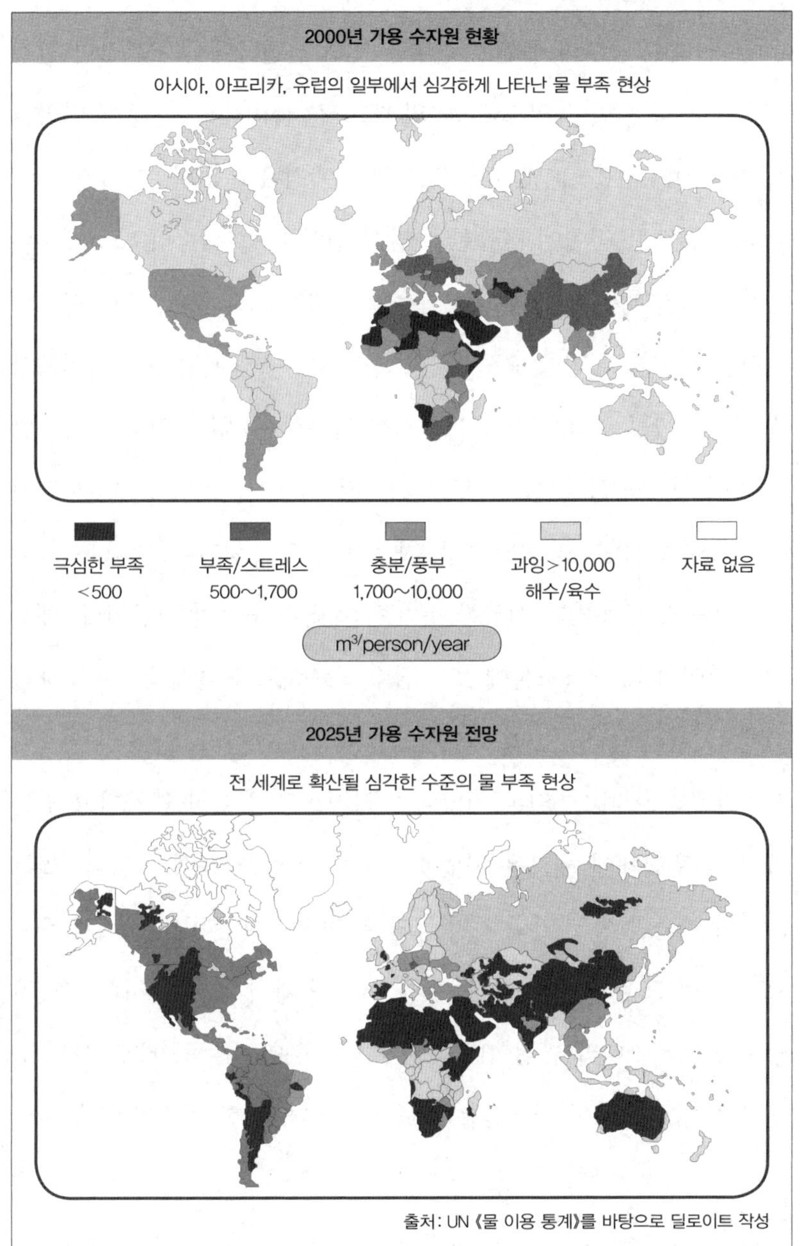

화 플랜트 건설이 진행 중이다.

한편, 해수 담수화 플랜트 건설은 특히 선진국에서는 복잡한 환경 규제나 지역 주민들 및 NGO와의 대화 같은 이유로, 경우에 따라서는 구상 이후 10~20년의 시간이 걸리는 경우도 있다. 게다가 해수 담수화 플랜트 건설에 적합한 해안선 연안의 토지는 리조트 개발의 대상이 되기 때문에 토지 가격 급등도 문제가 되고 있다. 또한 신흥국에서는 도시화의 진행 속도가 당초 예상보다 빨라 담수화 플랜트가 건설될 때까지 심각한 물 스트레스를 극복할 수 없는 경우도 나타난다. 담수화 플랜트 건설이 완료되기까지 '이어지는 수요'로 인해 일시적으로 물 공급량을 늘려야 하는 새로운 니즈도 생겨나고 있다.

이에 근래 주목받기 시작한 것이 해수 담수화 선박 시장이다. 해상의 선박이나 해양 구조물에 해수 담수화 플랜트를 설치함으로써 해안선에 건설할 필요도 없고, 유연하게 이동도 가능하다. 이는 물 인프라 사업자뿐만 아니라, 일본 기업이 역사적으로 자부심을 가지고 있는 조선·해운업계에 새로운 사업 기회를 제공할 가능성도 있다. 일본 고유의 기술인 석유 비축 기지 등과 관련하여 실적이 있는 메가 플로트Mega-Float*도 활용 가능하다. 이를 이용해 차기 스마트 시티 모델로 담수화뿐만 아니라 발전이나 하수 처리, 항만 설비 등 해상 사회 인프라 시장을 새로이 개척하는 것도 기대된다. 또한 인프라 수출 사업

---

* 초대형 부유식 해양 구조물로, 인공 섬이나 해상 공항 등으로의 실용화를 지향한다._옮긴이 주

기획을 하는 등 활발하게 활동하는 PPP(Public Private partnership, 민관 파트너십)는 장기 계약과 더불어 사업 리스크도 낮출 수 있다. 해수 담수화 선박은 (만들고 난 후에는 가지고 갈 수 없는 플랜트와 달리) 이동이 가능하기 때문에 현지 정부와의 교섭 카드가 늘어난다는 점에서 유효하게 활용될 가능성이 높다.

물 부족을 기점으로 한 사업 기회 사례 2 :
절수형 기기 시장의 확대

미국의 물 부족 문제는 주택 설비 제품 개발에 이미 영향을 주고 있다. 2010년에 물 부족이 현실화되고 있었던 텍사스 주는 1회당 사용 가능한 최대 화장실 세정수의 양을 기존의 6ℓ에서 4.8ℓ로 규제하는 주법을 시행했다. 이 법은 2011년에는 캘리포니아 주, 2012년에는 뉴욕 시와 조지아 주에서도 시행되었다. 이에 따라 4.8ℓ 규제에 맞춘 제품 개발이 글로벌 제조 기업의 기준이 되고 있다.

딜로이트가 제도 설계에 관여하고 있는 아메리카 환경 보호청(EPA)에서는 '워터 센스 프로그램Water Sense Program'을 운영 중이다. 여기서는 위생도기(세면기나 변기), 수도꼭지 등의 주택 설비의 절수 성능 인증 제도를 실시하며, 인증 제품에는 보조금을 지급하고 있다. 현재까지 화장실 관련 제품으로는 콜러Kohler를 시작으로 미국 기업 및 유럽 기업, 중국과 대만 등 아시아의 100개가 넘는 기업의 제품이 인증을 받고 있다. 이에 반해 일본 기업은 2013년 말에 토토TOTO 1개사만 해당 인증을 받았다. 애초에 일본 내에는 절수 기기에 관한 법령이나 규칙이 존재하지 않는다. 오히려 위생도기를 사용할 때 오염이나 막히는 일이 없도록 일정 이상의 세정수를 사용하도록 요구하는 자치단체도 있다. 이렇듯 세계적으로 추진하고 있는 물 부족 대책 기준과는 괴리가 있다는 점에 유의할 필요가 있다.

또한 물을 축으로 한 신상품·신사업의 범위는 절수에서 물이 필요하지 않은 영역으로 옮겨갈 것이다. 예를 들어 남아프리카의 벤처 기업 '헤드보이 인더스트리스Headboy Industries Inc.'가 새로이 개발한 샤워를 필요로 하지 않는 전신 위생용품도 있다. 드라이 베스DryBath는 하루에 한 번 전신에 바르는 것으로 목욕을 한 듯한 효과를 볼 수 있나. 이 제품은 이미 영국 항공사가 장거리 비행 시 고객 서비스 차원에서 제공하기 위해 채택했으며, 싱가포르군도 도입을 검토하고 있다는 보도가 있다.

한편, 한국의 일부 지자체에서도 수도법 개정 규정에 따라 숙박업 및 목욕장업, 체육시설업, 공중화장실, 건축 행위(신축, 증축, 개축 등) 시에는 절수 설비 및 절수 기기 설치가 의무화되어 있으며, 이러한 추세는 점차 확대될 것으로 예상된다.

물 부족을 기점으로 한 사업 기회 사례 3:
심각한 사회 문제인 '식량 부족'과의 융합에 따른
신시장의 재정의

의외로 알려져 있지 않는 사실은 전 세계에서 사용되는 물의 70% 정도가 농업용수라는 점이다. 세계 최대 식량 수요국인 중국에서 지속적인 인구 증가와 더불어 우려되는 것이 바로 물 부족으로 인한 농산물 공급량 감소에 따른 리스크이다. 중국의 농산물 공급 리스크에 관해서 오랜 기간 연구·발표하고 있는 미국 NGO '어스 폴리시 인스티튜트Earth Policy Institute'가 조사한 결과에 따르면, 중국에서는 대수층(지하수가 있는 지층)의 과잉 양수로 인한 물 부족 때문에 이미 1998~2002년까지 약 4000만 톤의 농작물 생산 손실이 발생하였다. 이 때문에 중국 정부는 절수형 농업에 관해 세계 최첨단 기술을 보유하고 있는 이스라엘로부터 기술 지원을 받기 시작하였다.

또한 중동에서는 카타르를 중심으로 사막 연합체기구(Global Dry Land Alliance, GDLA)를 창립하여 '식량 안전 보장' 확보에 노력하겠다고 밝혔다. GDLA는 2011년 제66회 UN 총회에서 카타르가 주도하여 설립 선언을 발의하면서 만들어졌다. GDLA의 목적은 수자원 및 식량 확보다. 이들은 절수형 농업에 대한 관심이 많고, 그 외 환경 제약까지 극복함으로써 각국이 자체적으로 식량 생산 확대를 가능하게 하려는 것을 목표로 삼고 있다. 때문에 일본에서는 소규모 공장이 난립하여 일부에서는 문을 닫으려는 기미도 있지만, 일본의 '완전 제어형 식물 공장(환경 제어가 가능한 폐쇄형 공간에서 무농약 채소를 대량 공급 가능한 공장)'에 대한 관심도 많았다. 물 사용량을 극한까지 줄인 순환형 시스템을 확립하여 물과 식량이라는 사회 문제를 단숨에 해결할 수 있다면, 실제로 식물 공장 사업은 중국이나 중동의 심각한 사회 문제를 해결하는 유력한 해결책이 될 수 있다. 이미 한국·대만의 정부와 기업은 이러한 조류를 파악하고 중국이나 중동에 적극적인 참여를 타진하고 있다. 식물 공장에 관심이 있는 많은 일본 기업이 앞으로 전개될 시장과의 경합을 어떻게 인식하는가에 따라 향후 확대될 사업 기회의 규모가 크게 달라질 것이다.

사회 문제 융합을 통한 신시장 발굴

앞서 제3장에서 세계적으로 나타나고 있는 대표적인 사회 문제를 'FINDER'라고 하는 6가지로 분류하여 개략적으로 설명하였다. 소개한 사회 문제 하나하나가 매우 중요하기 때문에, 전 세계 차원에서 각각의 사회 문제 해결을 지향하는 것 자체가 충분한 대의명분이 될 수 있다.

이미 고령화 문제나 에너지 문제, 넓게는 환경 문제 등의 해결을 앞세우면서 실제로 새로운 사업 아이템을 검토하는 일본 기업은 많다. 하지만 사업 대상을 이미 경쟁사에서 다루고 있어 새로운 대의명분을 내세우기가 어려운 경우도 많다. 또한 제5장에서도 기술하겠지만 대체로 일본 기업에서는 '신규 사업은 국내에서 먼저'라는 발상이 무의식중에 고착화되어 있다. 그래서 재미없는 신사업 아이디어로만 그치는 경우도 빈번하게 볼 수 있다. 이 경우 당연히 대의명분을 얻기는 어렵다.

대규모 신사업으로 한 단계 더 상승시키기 위한 발상의 포인트는 '성질이 다른' 복수의 사회 문제를 '융합(교배)'하여 새로운 사회 문제를 '발굴'하는 데 있다. 그러니까 어떤 사회 문제를 해결하기 위해 여러 기술을 새롭게 결합해 기회를 탐색하는 방식이 아니다. 해결해야 할 사회 문제 자체를 새롭게 결합해 전혀 새로운 커다란 문제를 설정하는 것이 혁신적인 신사업 창조의 첫 걸음이다.

또한 상이한 사회 문제를 융합하는 일은 CSV를 통한 이노베이션을 추진함에 있어, 대의명분과 신질서 형성 능력 향상에 따른 경쟁력 강화와 직결된다는 의미도 담겨 있다.

통상 어느 지역의 특정 사회 문제에 대해서 그 문제 해결을 요구하는 시민 계층이라든가 문제 해결을 추진하려는 NGO나 정부 기관 등, 넓은 의미에서의 지지층 혹은 고객층이 존재한다. 복수의 사회 문제를 결합하고 정리해서 해결하려는 새로운 시장과 새로운 대의를 재정의함으로써 지지층·고객층이 융합해 대의명분도 높아진다. 그러한 대의명분하에 새로운 지지층을 광범위하게 모아 지지 네트워크를 구축함으로써 새로운 질서를 형성하는 능력도 높아지는 것이다.

구체적인 사회 문제 융합을 통하여 새로운 시장에 대한 발상이 가능해지도록 하는 3가지 가지 관점을 소개한다(도표 4-2).

<도표 4-2> 사회 문제 융합을 통한 이노베이션 의제 창출 예시

관점 ① : 사회 문제 간의 단순 결합으로 인상적인 문제 해결 기회 발굴

관점 ② : 현재 추진 중인 사업의 성장 기회로 문제 해결 추가

관점 ③ : 사회 문제에 대한 새로운 질서 변화 징후에 대비한 시장 선점

관점 1: 사회 문제 간 단순 결합으로
인상적인 문제 해결 기회 발굴

첫 번째, 간단하게 서로 다른 사회 문제 간의 조합을 기본 축으로 하는 관점이다. 자사의 기술이나 강점을 들고나오면 발상의 범위가 한정된다. 어디까지나 사회 문제 간의 결합을 발상의 축으로 하는 것이 포인트이다.

예를 들어 제3장에서 소개한 'FINDER'의 6가지 카테고리(F: Frontier Science, I: Information & Communication, N: National Harmonization, D: Demographics, E: Economics & Finance, R: Environmental Resource)를 기반으로, 다음과 같은 사회 문제를 결합해보자. 그리고 이를 토대로 신사업의 기회를 발상해 보면 어떤 것들이 가능할 수 있을까?

① (R) 수자원 고갈과 (E) 국제적인 범용 시장의 침체
② (F) 인지증 억제 기술 혁신과 (I) 정보 보안 리스크
③ (D) 인도의 도시 인구 집중 문제와 (E) 위조지폐 유통 방지
④ (N) 이슬람권 국가들 간의 협조 및 대립과 (F) 유전자 해석 기술 혁신

어떤 것이든 얼핏 보면 관련이 없어 보이지만, 사회 문제 각각의 실마리를 풀어 가면서 그 관련성을 찾아내 실제로 새로운 시장의 기회

로 발굴하는 데 활용한 결합의 예도 있다. 이는 실제로 보이지 않는 곳에서 은밀하게 검토되고 있다.

예를 들어, ① (R)수자원 고갈과 (E)국제적인 범용 시장의 침체는 실은 제4장에서도 소개한 해수 담수화와 선박을 조합하는 발상의 출발점이다. 수자원 고갈 문제의 대책인 해수 담수화는 토지 확보가 전제되어야 한다. 이런 요소들과 국제 선박 임차 시장의 수급 구조가 결합해 탄생한 것이 해수 담수화 선박이다. 이를 통해 리먼 사태 이후 공급 과잉으로 곤경에 빠진 해운·조선 산업의 문제도 해결되었다. 이 아이디어는 검토와 시행착오를 반복하다가 드디어 새로운 사업 아이디어로 진화하였다. 하지만 초기 발상은 이런 2가지 사회 문제의 결합에서 유래한 것이다.

관점 2 : 현재 추진 중인 사업의 성장 기회로 문제 해결 추가

발상의 관점 두 번째는 자사가 이미 대응하고 있는 기존의 제품 및 사업 혹은 (소규모에서 벗어날 수 없는) 신제품과 신사업이 그 대상이다. 해당 제품과 사업의 문제 해결을 대상으로 하는 사회 문제를 특정하고, 그것과 전혀 다른 별개의 사회 문제를 추가하면서 새로운 시장 창조로 이어지는 이노베이션 의제를 발굴해 가는 관점이다. 이러한 관점의 발상은 진입 장벽이 낮고 적용 범위가 넓다.

고령자용 종이 기저귀 사업을 예로 들어 보자. 고령자용 종이 기저귀 시장은 1인당 GDP 1만 달러를 넘어서면 급속하게 형성되는 시장이다. 종이 기저귀 사업에 진출한 많은 기업이 앞으로 더욱 확대되어 갈 글로벌 고령화 시장에서의 사업 전개를 모색하고 있기도 하다. 이 고령자용 종이 기저귀 시장에 대해서 FINDER의 각 요소를 각각 결합시켜서 생각해 보면 어떠한 사업 기회를 발굴할 수 있을까?

일례로 (R)의 환경 문제, 그 가운데에서도 쓰레기 문제와 결합해 본다. 고령자 증가는 사업 성장을 가져다주지만, 한편으로는 종이 기저귀로 인해 발생하는 쓰레기 양 증대라는 사회 문제로 이어질 수 있다. 특히 다수의 고령자가 존재하고 수도인 베이징 주변에서조차도 쓰레기 문제가 심각한 중국을 시장으로 인식한다면 쓰레기를 최소화하는 (쓰레기를 발생시키지 않는) 고령자용 종이 기저귀가 이노베이션 의제로서 거론될 것이다. 중국에는 많은 NGO가 설립되어 있으며, 그중에는 환경·쓰레기 문제를 내세우는 NGO도 많다. 또한 많은 지방 정부가 환경·쓰레기 관련 대책을 5개년 계획으로 게시하고 있다. 쓰레기 최소화를 대의로 내세워 현지 NGO나 지방 정부의 구입 보조금 정책 도입으로 발전시킬 수 있다면, 이 역시 CSV형 사업 창조로 이어진다. 만약에 성공하면 중국 전역은 물론 다른 나라로도 횡전개할 수 있고, 나아가 유아용 종이 기저귀 사업으로의 시장 확대를 통해 대규모 사업으로 발전시킬 수 있다.

이 같은 '추가'의 관점은 이미 기업 내에서 검토되고 있는 신사업테마를 다시 한 번 검토하고, 한 단계 더 업그레이드하여 대규모 신사업의 기회를 발굴하는 데 유효하게 활용되어야 한다.

관점 3 : 사회 문제에 대한
새로운 사회 질서 변화 징후에 대비한 시장 선점

발상 관점의 마지막은 변칙적인 방법이다. 대상으로 하는 사회 문제를 해결하기 위한 규칙이 변하고 있다는 징후를 먼저 파악하고 스스로 선도할 수 있는 수준의 적합한 규칙을 적용함으로써, 그 규칙이 새로이 만들어 내는 신시장을 선점한다는 발상이다.

실제로 대규모 시장으로 만드는 것은 '자기 하기 나름'이다. 예를 들어 환경 측면에서 이해하기 쉬운 예가 바로 제1장에서 소개한 월마트가 도전하고 있는 글로벌 환경 발자국(footprint)의 가시화에 대한 대응이다. 월마트는 유통이나 전통적인 점포 본연의 기능도 포함한 가치 사슬(value chain) 전체의 쇄신을 먼저 읽었다. 그리고 타사를 압도적으로 뛰어넘을 수 있는 수준의 제품·서비스를 만들어 낸다는 관점에서 생각해 본다면, 새로운 사업 기회를 발굴할 가능성도 있다. 소비재 제조 기업이나 그 원료를 도매하는 상류의 사업자 외에도 물류 서비스 기업, 점포 건설업, 점포용 설비·부품 재료 제조업, 또한 그러한

기업들에 제품·설비 등을 도매하고 있는 제조업 등, 적어도 월마트의
가치 사슬에 직접적 내지는 간접적으로 관련된 기업은 월마트가 지향
하는 세계관을 높은 수준으로 충족시키면서 신사업 기회의 가능성을
검토하여야 한다.

일상적인 사회 문제로부터
대규모 시장 발굴

지금까지 서술한 수자원 부족이나 도시화라는 전 세계 공통의 사회 문제와, 지역색이 강한 일상적인 사회 문제도 종종 대규모 시장을 발굴하는 시작점이 될 수 있다는 사실을 잊어서는 안 된다.

실제 사회 문제는 사업 전개 지역에 따라 그 특성이나 내용, 심각성 등이 다양하다. 때문에 실제로 신사업 기회를 발굴할 때 지역색이 강한 일상적 사회 문제를 결합하는 것이 효과적일 수도 있다.

애당초 우리들 가까이에 있는 일상적인 불편함에 대해서 보다 더 편리한 글로벌 최고 수준과의 차이 그 자체를 사회 문제로 인식하면 우리들 주변의 사회 문제는 무한대로 넓어진다. 예를 들어 아래와 같은 사례도 사회 문제로 인식할 필요가 있다.

- 대량의 블루 라이트가 발생해 눈이나 인체에 영향을 끼치기 쉬운 PC 디스플레이
- 손을 사용하지 않으면 조작할 수 없기에 운동·운전을 할 때 위험을 초래하기 쉬운 스마트폰
- 아이를 키우는 주부가 양손을 쓸 수 없는 경우에도 사용할 수 있는 우산

일본 JINS의 블루 라이트를 억제하는 안경은 일본에서 새로운 시장을 창조하였다. 이 제품은 시력 교정과 함께 '디스플레이가 인체에 끼치는 영향'이라는 사회 문제까지 해결하는 상품력이 소비자에게 어필되고, 이것이 구매력으로 이어져 실현된 시장 창조이다.

우리들 가까이에 있는 사회 문제에서 대규모 시장을 발굴하려면 먼저 그 씨앗이 되는 가까운 곳에서 새로운 사회 문제를 발굴해야 한다. 그리고 대규모 시장을 발굴해 나가기 위한 깜짝 놀랄만한 달성 수준의 설정이 필요하다. 다음에서 이에 대해 간단히 소개한다.

관점 1: 사회 질서와 관습이 초래하는 불편에서
일상적인 사회 문제 탐색

첫 번째, 우리들 가까이에 있는 새로운 사회 문제를 발굴하는 프레

임 워크는 '있다, 없다'와 '의식, 무의식'이라고 하는 간단한 축으로 구성된다(도표 4-3). 나쁜 질서와 관습이 난무하거나, 아니면 처음부터 질서나 관습이 없는 경우 불편이 초래된다. 적절한 질서와 관습의 유무와 그것을 이미 의식하고 있는지, 무의식적으로 생각하고 있는지의 차이에 의해 정리되는 것이다.

예를 들어 2012년부터 일본에서 새로운 시장으로 떠오른 LCC(Low Cost Carrie, 저가 항공)가 있다. '항공 서비스는 수화물에서부터 기내식까지 하나의 묶음 상품이므로 개개인이 항목을 선택하는 일은 불가능하며, 불편해도 어쩔 수 없다.' 이처럼 기존 질서와 관습을 무의식

〈도표 4-3〉 일상의 불편에서 창조·발굴되는 새로운 사회 문제

<table>
<tr><th rowspan="2">사회 질서·관습</th><th>있다</th><td>(나쁜 질서·관습)
있어서 곤란하다

아마존
서적 유통의 업계 관행이 타파되지 않자, 구매 절차의 불편한 문제를 해결했다.</td><td>(나쁜 질서·관습)
있는 것이 당연하다고
생각하고 있다

LCC(저가 항공 회사)
고정된 서비스에 일정 요금을 지불할 수밖에 없다는 불편한 문제를 해결했다.</td></tr>
<tr><th>없다</th><td>(좋은 질서·관습)
없어서 곤란하다

바이러스 대책 소프트웨어
웹 확산과 더불어 정보 보안 리스크가 높다는 문제를 해결했다.</td><td>(좋은 질서·관습)
없는 것이 당연하다고
생각하고 있다

공유 자동차(CAR SHARING)
차를 소유하지 않으면 차를 자유롭게 사용할 수 없다는 문제를 해결했다.</td></tr>
<tr><td></td><td></td><td>의식</td><td>무의식</td></tr>
<tr><td></td><td></td><td colspan="2" style="text-align:center">사회 문제의 현재화 정도</td></tr>
</table>

적으로 당연한 것처럼 생각하는 원천적인 사회 문제가 존재했다고 말할 수 있다.

이와 같이 우리들 일상 가까이에 있는 제품이나 비즈니스를 파악해 보자. 그러면서 이런 반문들을 해 보자. 질서나 습관의 유무가 초래한, 이미 의식하는 사회 문제는 어떤 것일까? 또 무의식적으로 '존재하는 것이(혹은 없는 것이)' 당연하다고 생각하고 있던 질서와 관습은 어떤 것일까? 그러면 사회 문제를 찾아낼 수 있다.

관점 2 : 시장이 열광할 정도의 문제 해결 수준을 설정하여 대규모 시장을 발굴

또 하나의 관점은, 이미 발굴된 우리들 일상 가까이에 있는 사회 문제의 해결 수준을 시장이 놀랄 만큼 압도적인 수준으로 재정의함으로써 대규모 시장화의 가능성을 찾는 것이다(도표 4-4).

딜로이트에서는 시장이 놀랄 만큼 압도적인 수준으로 문제 해결 수준을 검증하는 6가지 요소를 '6가지 초월超越'이라고 부르고 있다. 이는 형상, 공간, 중량, 일손, 가격, 시간 등 6가지 측면에서 기존의 수준을 넘어서는 것을 의미한다.

이는 애플의 아이팟iPod을 보면 쉽게 알 수 있다. 아이팟은 '휴대가 가능한 편리한 음악 재생 기기' 중에서 놀라울 정도로 작고, 가볍고,

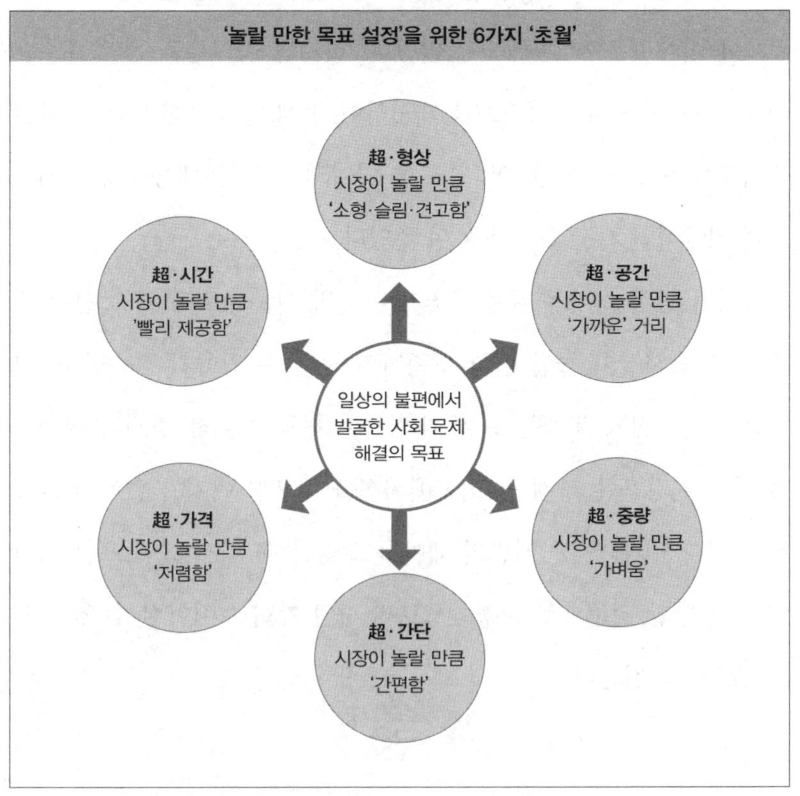
〈도표 4-4〉 놀랄 만한 목표 설정을 통한 이노베이션 테마 창출

간단하게 조작할 수 있다. 또한 음악 재생을 위해 CD 등을 사러 가는데 필요한 거리와 시간이 거의 들지 않는다. 이것이 바로 '전 세계 소비자들이 놀라고 열광하는 대규모 시장'을 성공적으로 형성한 요인이다. 그리고 그 배경은 스티브 잡스가 '직감적으로 어디를 클릭하면 되는지 알기 쉽게 디자인하고, 음악과 기능 면에서도 세 번 이내 클릭으로 도달할 수 있을 정도로 심플하게'로 아이팟의 기능 수준을 명확하게 계속 요구한 것이다. 덕분에 아이팟은 유사 제품과 기능을 압

도적인 수준으로 뛰어넘을 달성 목표를 설정하였다. 실제 시장 투입 초기에 아이팟은 잘 판매되지 않았다. 하지만 아이튠즈 음악 스토어 (iTunes Music Store) 서비스를 개시하여, 노래를 구매할 때에 따르는 번거로움을 크게 개선하였다. 또한 기기의 소형화·대용량화를 지속 하여 비약적인 시장 확대를 보여 주었다.

자사가 만든 신상품 수준이 6가지 초월 기준에 비추어 보면서 몇 개의 축을 시장이 놀랄 만한 수준까지 높일 수 있을지 검증한다. 그 수준을 달성하지 못하는 축에 대해서는 재차 기술적·경제적 장애물 을 넘어 시장을 놀라게 할 이노베이션을 일으킬 여지가 없는지 검토 해야 한다. 또한 연구 개발의 테마를 설정할 때 역시 그 목표를 시장 이 놀랄 만한 수준으로 설정함으로써 사업 기회로 이어질 수 있는 기 술 개발을 촉진한다.

제 5 장

전략 방향 2

경계 초월을 전제로 한
신사업 디자인

거대한 이노베이션의 배후인 '경계 초월'

만약 사회 문제에서 대규모 시장을 발굴해도 일본 기업에는 그다음에 부딪히게 될 벽이 있다. 그 벽은 자사가 처한 환경이나 새롭게 참여한 분야의 업계 구조를 눈앞에서 확인하고 대담하게 경계를 넘는 것이 불가능하다는 것이다. 일본의 기업들은 습관이 있다. '우선은 가까운 주변에서 추진하기 쉬운 사업부터', '우선은 다른 업계의 작업 방법에 따라서', '우선은 국내에서 사례를 만들고 나서'라고 말하며 소규모 사업 개발을 우선시한다. 그 결과 대형 시장을 미리 탐색하더라도 진입은 시기상조라고 생각하다 보니, 그 리스크를 감당할 수 있는 다른 경쟁사에 빼앗긴다.

시장에 큰 반향을 불러일으키는 신사업에는 반드시 관문이 존재한다. 이를 통과하려면 벽을 무너뜨리고 경계를 넘어야만 한다. 다음에는 이와 관련된 대표적인 예로 애플이 도전한 아이팟과 아이튠즈의 새로운 사업이 경쟁 상대를 압도하고, 단숨에 시장을 석권할 수 있었던 요인을 경계 초월의 관점에서 살펴보자.

애플의 아이튠즈 음악 스토어는 당시 존재하던 다양한 음악 전송 서비스를 압도하고, 전 세계의 음악 관련 하드웨어·소프트웨어 업계를 석권하였다. 2000년대 초부터 인터넷상에서는 불법적인 음악 데이터 다운로드가 난무하여 관련 산업은 곤경에 빠져 있었다. 음원을 제공하는 많은 음악가들이 자신의 지식 재산이 인터넷상에서 불법으로 거래되는 상황을 걱정하고 두려워했다. 수많은 인터넷 기업이나 음악 재생 기기 제조 업체들은 이 상황을 신사업 창조의 기회로 보고 이에 대응하기 위한 다양한 방안들을 마련히고 있었다. 대형 음악 기업들이 스트리밍 서비스를 제공하였지만, 이는 소비자 입장에서 보면 자신이 구입한 음악을 손에 '보관'하는 것이 불가능했기 때문에 환영받지 못했다.

이와 같은 상황에서 스티브 잡스는 음악 재생 기기(아이팟)를 제조해 음악 산업 자체에 참여(경계 초월)하는 것은 물론, 기존의 음악 산업 가치 사슬을 상하좌우로 연결하며 경계의 벽을 넘었다. 경쟁 기업들이 각각의 음반사와 개별 사업 모델을 만드는 동안, 스티브 잡스는 대형 음반사 모두와 협상하여 아이튠즈에 음원을 제공하도록 만들었다. 또한 잡스는 이와 병행하여, 유명 그룹인 U2의 보컬인 보노 같은 유명 음악가 약 20명과도 개별 교섭하여 애플을 지지하도록 호소하였다. 그 결과 음악 산업의 구조를 재편하는 새로운 사업 모델이 구현될 수 있었다.

잡스가 자신이 도전한 음악 산업 가치 사슬에서 경계를 넘어 성공할 수 있었던 열쇠 중 하나는 바로 '공통 가치 창조'에 있다. 소비자 입장에서는 인터넷에서 원하는 때에 합법적으로 음악 데이터를 다운로드하고 소유하는 것이 가능해졌다. 음반사와 음악가에게는 디지털 저작권 관리 시스템이 확실하게 도입되어, 당시 사회 문제였던 지식 재산의 불법 거래를 피하고, 일정 부분 경제적 가치를 보호받을 수 있게 되었다. 이와 같은 공통의 대의는 음악 산업과 관련 있는 다양한 시장 참여자들을 열광하게 만들었다.

애플은 기존 산업의 가치 사슬이나 업계 관행을 보호하기보다는 더욱 커다란 공통 가치를 대의로 내세웠다. 그리하여 가치 사슬의 상부에서 하부까지 각각에 위치하는 다양한 참여자들의 협동을 통해 혁신적인 사업 모델을 개발할 수 있었던 것이다.

산업 가치 사슬의 횡단적 사업 모델 구상

경계 초월을 전제로 한 제대로 된 신사업 모델을 구상할 때 딜로이트는 산업 가치 사슬에서 산업 횡단적인 또는 사회 문제 횡단적인 신사업 모델을 구상하는 방법을 유효한 수단으로 활용하고 있다. 다음에서는 이 프레임 워크에 대해 소개하고자 한다.

세로축에는 산업 가치 사슬을 놓는다. 산업 가치 사슬은 (산업의 전제가 되는) 인프라에서 설계, 조달, 제품 제조를 거쳐, 사용, (중고품의) 유통, 폐기에 이르는 모든 수명 주기를 대상으로 사업 기회를 빠짐없이 추출하는 프레임 워크다. 가로축으로는 사업 기회의 출발점이 되는 복수의 사회 문제를 둔다. 이 프레임 워크에 준하여 기존 산업 가치 사슬별로 발생하고 있는 사회 문제를 염두에 둠으로써, 신사업에

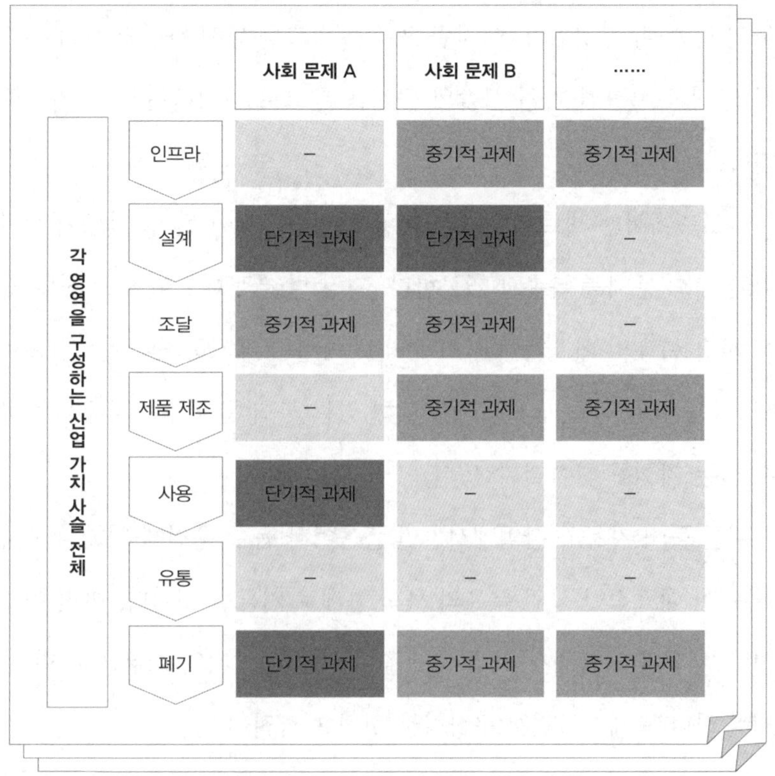

서 해결 대상으로 삼아야 할 사회 문제를 전체적으로 부감하는 것이 가능해진다(도표 5-1).

자동차 산업으로 예를 들어 보자. 인프라에는 도로나 교통 시스템, 주유소 등의 건설과 운영, 유지 보수 업계가 포함된다. 그 뒤 수자원이라는 사회 문제를 자동차 산업에서 횡으로 인식한다. 아스팔트를 제조하고 도로를 포장하는 과정에서 발생하는 물 소비량을 시작으로

부품도 포함한 자동차 제조 공정에서 소비되는 물의 양, 사용 중인 차를 세차할 때 쓰이는 물의 양, 폐차를 재활용하는 과정에서 사용되는 물의 양 등이 그것이다. 이처럼 프레임 워크를 통해 하나의 사회 문제가 발생하는 산업 가치 사슬의 공정을 횡으로 파악하는 것이 가능해진다.

가로축에서는 새로운 시장을 발굴하는 출발점이 될 수 있는 성질이 다른 사회 문제를 복수로 거론한다. 시장 발굴의 대상이 되는 산업 가치 사슬 특유의 대표적인 사회 문제도 하나씩 제거하거나 거론함으로써, 다음 단계 산업과 밀접하게 얽혀 있는 사회 문제를 동시에 해결할 수 있는 기회를 찾아낼 수 있다.

예를 들어 자동차 산업에서라면 졸음이나 음주 운전에 의한 교통사고 등이 대표적인 산업 특유의 사회 문제로 거론될 것이다. 한편 어느 정도 한정된 지역에서 사업 모델을 구상한다면 지역 특유의 사회 문제를 하나씩 제거하면서 구상하는 것이 효과적이다.

그런 다음 각 가치 사슬별로 융합된 사회 문제 중에서 '해결하면 사회적으로 큰 반향을 불러일으킬 수 있는 문제'를 찾는다. 동시에 사회 문제가 횡적이면서 가치 사슬상 횡으로 문제 해결을 융합할 수도 있는 사업 모델을 찾아낸다(도표 5-2). 이 과정을 통해 단순히 기존 산업이나 업계의 틀에 얽매이지 않고, 산업 가치 사슬의 경계를 넘는 것을 전제로 한 사업 모델의 발굴로 나아가게 된다.

더구나 대규모 시장화를 겨냥한 사업 모델을 발굴하려면 가치 사슬

의 상위에 있는 사회 문제를 근본적으로 해결하여야 한다. 그럼으로써 하위의 가치 사슬 업계 구조 자체를 바꾸는(경쟁 타사의 기반을 뒤흔드는) 것 같은 파괴적 이노베이션을 통해 사업 모델을 찾아야 한다. 예를 들어 자동차 산업의 전제가 되는 인프라인 도로 본연의 모습이 변화되는 것은 자동차 설계의 개념이나, 그 하위의 제조, 사용, 유통, 폐기에 이르는 모습을 근본부터 뒤집는 것으로도 이어질 수 있다.

3가지 경계 초월을 통한 사업 디자인

구체적으로 찾아낸 사업 모델을 혁신적인 신사업으로 발전시키는
필요조건은 '3가지를 전제로 경계 초월 사업 모델을 정의하는 것'이
다. 여기서 말하는 3가지 중 첫째는 (자사가 소속된) 업계의 틀을 넘는
것이다. 둘째는 규제의 틀을 넘는 것이다. 셋째는 국경을 초월하는 것
이다(도표 5-3).

예를 들어 어떤 전자 회사가 전 세계의 심각한 수자원·식량 부족이
라는 사회 문제를 동시에 해결할 수 있는 식물 공장 사업을 새로운 대
규모 시장으로 설정한 경우를 예로 살펴보자.

첫 번째인 '(자사가 소속된) 업계의 틀을 넘는다'는 말은 스스로 식물

〈도표 5-3〉 3가지 경계 초월을 전제로 정의하는 사업 범위

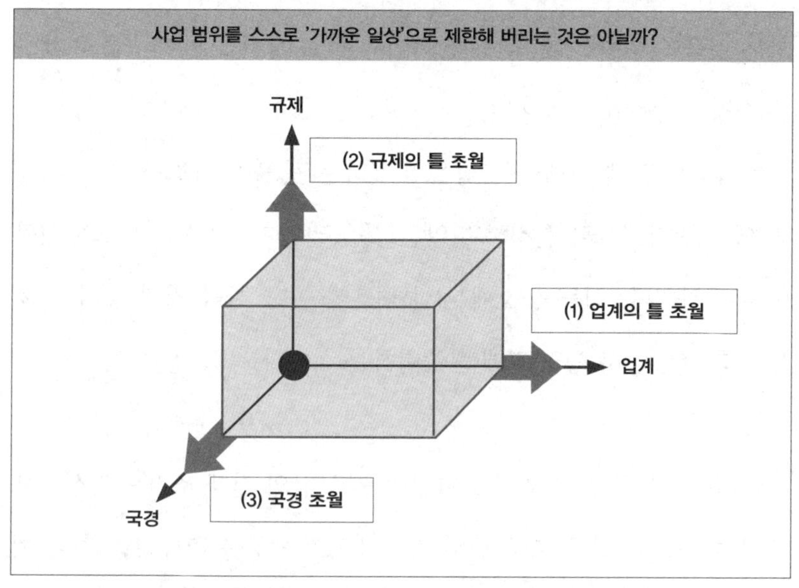

공장 사업자가 되어 새로운 산업에 참여한다는 의미이다. 이때 참여의 의미는 농업 종사자, 유통 및 소매 사업자, 설비나 기계 제작자 등 기존의 산업 가치 사슬을 구성하는 시장 참여자 구조에 그대로 들어가는 것이 아니다. 오히려 산업 가치 사슬의 가로축에 존재하는 새로운 자리를 지향하면서 이를 사업 구상의 초기 목표로 삼아야 한다는 의미이다.

두 번째인 '규제를 넘는다'는 말의 의미를 살펴보자. 이는 아직 일본 국내에서도 충분히 정비되지 못한 식물 공장에 관한 법 규제나 산업화 촉진 지원 상황 등에 대한 규제가 정비되기를 기다린다는 뜻이 아니다. 스스로 식물 공장의 산업화 정책 제언까지 리드하면서 새로운

시장을 창출하는 정책과 기준을 만드는 사람이 되는 기회를 동시에 찾는 것을 의미한다. 이를 통해 이미 형성된 질서를 넘어 스스로 새로운 시장을 구성하는 것이다.

마지막으로 세 번째인 '국경을 초월하는 것'을 알아보자. 이는 사업의 영역을 자국으로 한정하지 않는 것을 말한다. 처음부터 물과 식량이 부족하거나, 식물 공장에 대한 니즈가 높은 사막 지대 등의 '사회 문제 최전선'에서 사업 전개를 준비하는 것이다.

이러한 3가지 경계 초월을 사업 모델 구상의 전제 조건으로 삼음으로써 대규모 사업 창조를 위해 의도적으로 발상을 확대하는 것이 핵심이다. 업계를 뒤흔드는 것을 피하고, 규제를 '당연한 것'으로 인식하거나, 국내 시장을 중심으로 모든 것을 고려한다면, 대규모 신사업 창조는 꿈같은 이야기로만 끝나고 만다.

하지만 경계를 넘어서는 일은 특히, 자사의 기술이나 강점을 중요하게 여기는 일본 기업 문화 아래서는 간단하지 않다.

일본 기업들이 자주 논의하는 것은 '경계를 넘어 새롭게 발견한 시장과 업계에서 우리가 발휘할 수 있는 기존의 기술과 강점은 무엇인가?'라는 점이다. 본래는 사회 문제 해결을 바탕으로 한 사업 구상과 시장 창조를 리드하는 선도적 역할을 해야 한다. 그리고 사업 모델을 구성하는 데 필요한 기술이나 서비스는 타사와의 연계를 통해 조달하는 오픈 이노베이션을 바탕으로 사업을 구상하는 것이다. 그러나 일본의 기업들은 이와는 반대로, 새로운 시장에서 발휘할 수 있는 기존의 기술이나 강점이 사업을 구상하는 시점에서 보이지 않으면 경계를 넘는 것에 대한 검토 자체를 중단해 버리는 경우가 많다.

또한 일본 기업, 특히 기존 사업이 성공적이었던 기업에서는 사내 체제 때문에 실행하기가 어려운 경우도 있다. 실제로 신사업 개발을 담당하는 부문의 책임자나 담당자는 "경계 초월을 전제로 한 대규모 사업 구상을 그렸다고 하여도 투자 의사 결정 프로세스 단계에서 경영자의 발상을 바꿀 때까지 설득하는 것이 불가능하다. 기존 사업과 동일한 ROI(Return On Investment, 투자 수익률)나 시장 규모만 논의함으로써 결과적으로는 실현 가능성이 있는 확실한 사업만 새로 개발하는 것으로 결정된다"라는 이야기를 자주 한다.

하지만 경계 초월이 대규모 이노베이션을 일으키기 위한 필요조건이라는 것은 확실하다. 이에 적극적으로 대응하려면 앞서 열거한 현실적인 장벽을 극복해야만 한다. 이를 위해 제7장에서 소개하는 오픈 이노베이션과 린 스타트업, 제8장에서 기술하는 조직 내 체제화와 결합하여 경계를 넘을 필요가 있다.

3단계 사업 전개 시나리오 구상

3가지 경계 초월을 전제로 사업 모델을 수립하면 사업 모델의 밑그림이 그려진다. 그리고 이 구상을 실현하려면 제한적인 범위에서 시작하여 서서히 사업을 발전·진화시켜 가는 사업 전개 시나리오의 전략적 검토가 필요하다. 참고할 만한 좋은 예가 바로 최근 글로벌 시장을 석권한 혁신적인 제품과 사업이 도입하고 있는 3단계 전개 시나리오이다(도표 5-4).

제1단계에서는, 사회 문제 해결로 이어지는 핵심 이익(Core Benefit) 이외의 기능과 사양을 최대한 배제한 심플한 사업 모델로 틈새시장에 접근한다. 조기에 시장 점유율을 높이는 것이 핵심이다. 소위 '린 스타트업'의 기법을 따라 시제품화(prototyping)도 거치면서 조기에 사

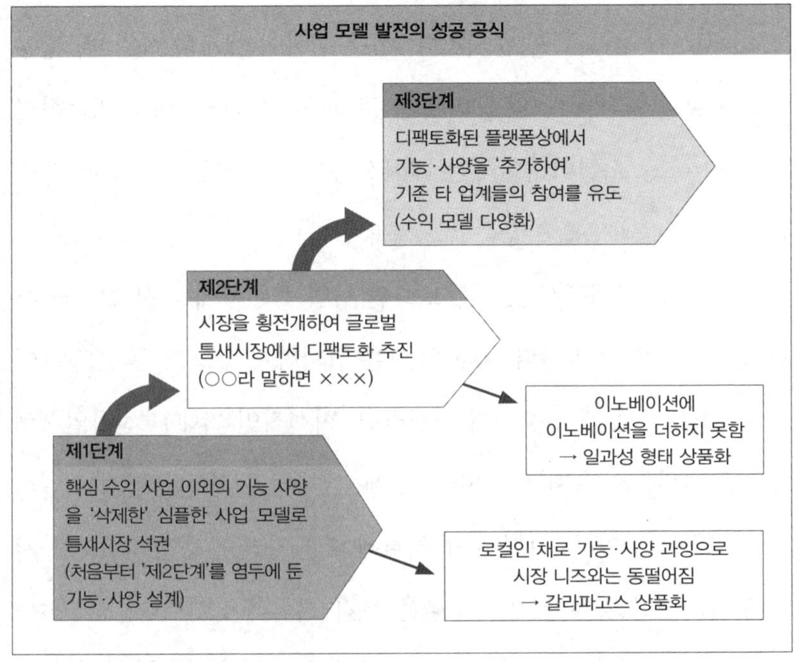

업화를 완성해 가는 것이 필요하다.

그러나 일본 기업은 국내에서 사업을 시작하고 싶어 한다. 아울러 국내 시장의 니즈를 지나치게 의식하여 기능과 사양을 이에 맞추는 편이다. 이는 이른바 '갈라파고스 현상'[*]으로 이어진다. 명심할 것은 어디까지나 제1단계는 제2단계를 위한 준비 단계라는 점이다. 제2단계에서 글로벌 시장에 진입하는 데 장애가 되지 않는 범위에서 최소한의 단순한 사업 모델로 도전해야 한다. 제2단계에서는 시장

---

[*] 남동태평양의 외딴 지역인 갈라파고스 제도(諸島)에 서식하는 생물들의 진화처럼, 주위와는 동떨어진 독자적인 진화를 의미한다._옮긴이 주

전반으로 진전시키고 글로벌 틈새시장에서 디팩토 표준화(de facto standard, 사실상 표준)를 준비한다. 이를 위하여 글로벌 NGO나 정부 기관도 포함한 횡적 연계를 빠르게 준비해야 한다. 친환경 자동차라면 프리우스, 소셜미디어라면 페이스북을 떠올리듯이 '○○○라면 ×××'를 떠올리도록 시장을 리드해야 한다.

마지막 제3단계에서는, 디팩토화된 사업 플랫폼에 다시 별도의 사회 문제 해결을 추가한다. 기존의 다른 업계까지 납득할 수 있도록 이노베이션을 한곳에 집중시켜 추진하면, 혁신적인 거대한 신사업으로 확고한 지위를 구축할 수 있다. 즉, 제2단계에 존재하는 함정이 일회성에 그치는 것이다. 사회 문제 해결에 따른 대의를 중장기적으로 지속해 나가려면 일정한 사업 모델을 유지하는 것이 아니라, 변화하는 시장 니즈에 맞춰 계속해서 이노베이션에 이노베이션을 더해야 한다. 즉, 사업의 끝없는 발전과 진화를 계속하는 것이 필수적이다.

실제로 애플은 아이팟과 아이튠즈를 주축으로 음악계뿐 아니라 전화, 영화, 서적 등 광범위한 시장을 선점했다. 아마존도 서적에서 시작하여 다양한 소매 상품을 횡으로 전개해 판매하고 있다. 최근에는 드론 등을 도입해 물류 측면의 추가적 사회 문제 해결에도 도전하고 있다. 페이스북은 현재 제2단계에서 제3단계로 이행 중인 것으로 파악된다. 하지만 제3단계까지 진화할 수 있을지 아니면 한시적인 붐에서 멈춰 버릴 것인지에 대해서는 의견이 분분하다.

전략 방향 3
스스로 질서 형성에 도전

스스로 질서 형성에 도전

CSV를 통한 대규모 신사업 창조와
불가결한 새로운 질서 형성

전통적으로 사회적 가치를 중시하면서 경영하여 온 일본 기업의 경쟁 방식과 CSV 선진 기업이 도전하는 새로운 경쟁 방식에는 하나의 커다란 차이점이 존재한다. CSV 선진 기업은 사회 안에서 미래에 형성될 질서까지 인식하고 이를 순조롭게 준비한다. 결과적으로 자신들이 창조하는 새로운 시장에서의 경쟁력 확보를 염두에 두고 있는 것이다.

일본인들은 정해진 규칙을 준수하고 그 안에서 가치를 만들어 내는 데는 탁월하다. 하지만 스스로 그 규칙을 만드는 것은 못하는 편이다. 대부분의 일본 기업에서는 (해당 부문이 존재하지만) 아직도 '새로운 질서 만들기를 전략적으로 준비해 가는 일'이 중요하다는 인식 자체가 전혀 개선되지 않고 있다.

미국이나 유럽 기업이 추진하는 전략적인 질서 형성을 CSV 개념과는 동떨어진 '탐욕스러운(Greedy)것'이라고 보는 선입관을 가지고 이를 소홀히 하는 것도 위험하다. 애당초 사회 문제는 본래 있어야 할 규칙이 정비되어 있지 않거나, 있어도 제대로 기능하지 않아서 발생한다. 특히 세계적으로 심각한 사회 문제를 해결하기 위해 만들어야 할 규칙의 수준은, 국제 사회에서도 통용되는 힘과 효력을 가질 정도 끌어올리는 것이 필수적이다. 즉, 사회 문제의 해결을 촉진하는 규칙을 만드는 것과, 이를 세계적으로 전파하는 행위 자체에도 대의가 깃들어 있다. 규칙을 바탕으로 창조된 사회 문제 해결형 사업 모델에 의해 특정 기업이 점유율을 높이고 지속적으로 경쟁 우위를 구축할 수도 있다. 이러한 경우도 '기업이 성장할수록 사회 문제가 줄어든다'는 의도라면 사회에서 환영받아야 한다.

또한 여기서 말하는 질서(규칙)는 정부 기관이나 국제기구에 의해 법과 규제로 제정되는 강력한 것부터, 시장에서 대다수의 기업이나 소비자가 지지함으로써 형성되는 가벼운 질서(이른바 디팩토 표준화)까지 다양한 범위를 포괄한다. 일반적으로 자주 듣는 국제 표준화 기구(International Standardization Organization, ISO)규격이나 국제 전기 표준 회의(International Electrotechnical Commission, IEC) 규격 같은 이른바 국제 표준 규격은 공적인 표준화 기관에 의해 책정된 강력한 규칙에 해당된다.

최근에는 기업 연합(카르텔) 등에 의해 소위 '포럼 기준'이라는 디팩토 표준화를 형성하기 전에 국제 표준 규격이 형성된다. 이처럼 질서 선점 경쟁이 치열해지거나, 후발 기업이 반격에 나서 국제 표준 규격화를 준비한 뒤 이를 이용해 시장 선도 기업을 전략적으로 추월하는 경우도 나타나고 있다. 그리하여 기업 입장에서는 국제 표준 규격을 전략적으로 얻어 내는 일의 중요성이 높아지고 있다.

또한 최근에는 EU에서 만든 규칙이 미국 캘리포니아 주를 통해 미국 전역으로 확산되는 동시에 중국이나 인도에서 적용되기도 한다. 이처럼 특정 지역의 질서와 규칙이 순식간에 전 세계로 확산되는 경향도 나타나고 있다. 따라서 기업은 사업상 주요 지역의 질서에 대한 동향을 지속적으로 확인해야 한다.

글로벌 기업이 제시하는
규칙을 활용한 경쟁 방식

CSV 도입으로 나타나는 새로운 성공 공식에 의해 기업이 전략적으로 규칙을 형성할 수 있는 능력을 키우는 일이 앞으로 더욱 중요해질 것이다. CSV 선진 기업이 도전하는 질서 형성 방법을 보자. 일반적으로 기업들은 국제 표준 규격을 만들기 위한 활동이나 대정부 로비와 같은 강력한 질서 만들기에만 주목하기 쉽다. 하지만 그 배경에 사회 문제 해결이라는 대의명분이 존재한다는 사실을 기억해야 한다. 이 대의 아래 규칙 정비의 필요성을 설득하기 위한 스토리와 NGO를 활용해 이 이야기를 널리 알리는 전략적 지지 활동이 더해져야 한다. 이제 선진 기업이 사회 문제 해결로 이어지는 규칙 형성을 준비하면서 새로운 시장 창조를 선도한 사례를 3가지 정도 살펴보자.

듀폰, 환경 관련 규칙을 활용한 시장 창조의 원조

사회 문제 해결로 이어지는 질서 형성에 의해 시장을 만들어 낸 대표 사례로는 1987년, 오존층을 파괴할 우려가 있는 물질을 특정하고 해당 물질의 생산과 소비를 규제한 '몬트리올 의정서'와 그 배후에 있는 듀폰DuPont의 움직임이다.

1970년대에 캘리포니아 대학이 과학적 견지에서 프레온 가스가 오존층 파괴의 원인이라는 사실을 지적한 것이 발단이 되어, 미국 정부 내에서 프레온 가스 규제 움직임이 나타났다. 그 당시 프레온 가스를 발생시키는 제품에 관한 특허를 다수 보유하고 있던 듀폰을 필두로, 화학 관련 제조업체들은 하나같이 프레온 가스 규제에 대해 반대 입장을 취하고 있었다.

한편, 듀폰은 전 세계가 환경 문제에 주목하는 경향과 프레온 가스 시장의 변화를 주시하고 있었다. 동시에 프레온 가스 대체 물질 개발에 속도를 내, 1987년까지 비非 프레온계 냉매와 관련된 20개의 특허를 획득했다. 또 동시에 오존층 파괴 물질 규제에 찬성하는 입장으로 전환했다. 오존층 보호를 제창하는 환경 NGO와 연계해 오존층 파괴 억제를 호소하며 국제적 규제 강화를 미국 정부에 요구하였다. 이를 통해 프레온 가스 대체 시장의 창조와 조기 확립을 준비하였다. 미국 정부 역시 이에 동조하여 프레온 가스 사용 대체 의무화에 응하지 않을 경우, 미국 내 공장 폐쇄도 불사하겠다는 강한 자세로 일관하며 당시 규제에 소극적이었던 유럽의 움직임을 견제하였다.

결국 유럽 쪽도 미국 정부의 시장 폐쇄 압력에 굴복, 프레온을 대체할 물질 사용을 받아들이고 '몬트리올 의정서'에 합의하였다. 이로 인해 프레온 가스 규제는 세계적인 질서가 되었고, 프레온 가스 대체 시장이 크게 형성되면서 듀폰은 경쟁 우위를 얻게 되었다. '몬트리올 의정서'를 거치면서 시장이 형성된 프레온 대체제는 현재까지 에어컨의 냉매나 단열재 등으로 널리 쓰이고 있다.

그 후 대체 프레온은 또 다른 사회 문제를 낳았다. 오존층을 파괴하지는 않지만, 지구 온난화에 끼치는 영향이 이산화탄소의 100배에서 최대 1만 배에 달한 것이다. 그래서 '교토 의정서'의 규제 대상이 되었다. 2010년 전 세계 프레온 대체제의 가스 배출량은 이산화탄소로 환산하면 2002년의 2배에 달한다. 이에 EU는 2020년까지 가국이 프레온 대체제에 대한 규제를 강화할 것을 제안하였다.

노보 노디스크, 중국 시장에서의
질서 형성을 시작으로 새로운 시장 창조

덴마크의 제약 회사 노보 노디스크Novo Nordisk는 2001년 다수의 파트너사와 함께 세계 당뇨 재단을 설립했다. 그리고 이 NGO 조직을 모체로 신흥국 시장에서 당뇨병에 관한 새로운 질서를 만들고 이를 기점으로 하는 신시장 창조를 준비해 왔다(도표 6-1).

노보 노디스크는 2002년 무렵부터 미국과 유럽 제약사들 중 최초로 중국에 R&D 센터를 설치하는 등 현지 인재 육성에 공헌하였다. 또한 사회적 개체인 세계 당뇨병 재단을 통해 중국 위생부(보건부)와 공동 프로젝트를 조성하는 데 성공하였다. 노보 노디스크는 당시 당뇨병에 대한 치료법이 확립되어 있지 않던 중국에 공동 프로젝트를 통해 당뇨병 치료의 지침을 제시하기도 했다. 그 후 당뇨병 전문 클리닉을 설립, 의료 관계자를 대상으로 훈련 프로그램을 진행하며 당뇨병 치료에 관한 중국 내 질서 정비에 실질적으로 공헌하였다.

〈도표 6-1〉 자사 설립 재단을 전략적으로 활용, 신흥국 당뇨병 시장을 개척한 노보 노디스크

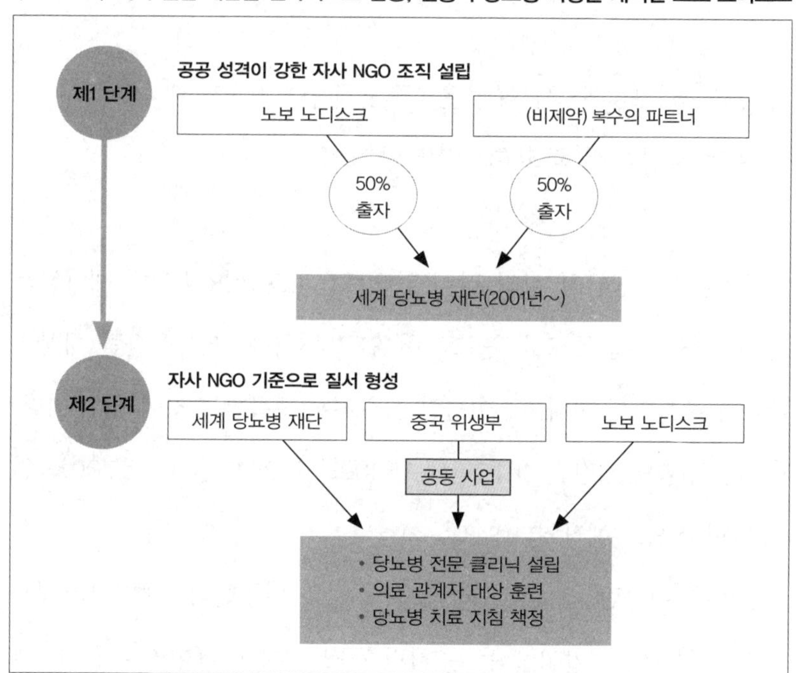

2000년대 전반까지 당뇨병 치료에 관한 중국의 시장 규모는 제로에 가까웠다. 하지만 노보 노디스크의 NGO 조직을 중심으로 한 규정(Rule) 만들기와 시장 창조 활동에 의해 중국 당뇨병 투약 시장은 2010년에 1조 원을 훨씬 뛰어넘었다. 그리고 노보 노디스크는 63%라는 압도적인 시장 점유율로 선점하는 데 성공하였다.

현재 노보 노디스크와 세계 당뇨병 재단은 '40 바이by 20'이라는 또 다른 대의명분을 내세우고 있다. 2020년까지 4000만 명의 환자에게 치료를 제공하는 것을 목표로 다른 신흥국 시장으로의 사업 확장을 적극적으로 추진하는 것이다.

네슬레, 새로운 질서 형성을 준비 중인
이슬람 시장에서 확고한 기반 다지기

제3장에서 언급한 바와 같이 앞으로는 FINDER의 D에 해당하는 인구 동태, 특히 종교를 축으로 한 인구 변화에 따른 이슬람 시장의 확대에 주목해야 한다. 이 이슬람 시장에서 주목받는 것이 '할랄'이다. 이슬람의 할랄 시장은 2015년에 1500조 원, 2017년에는 2700조 원에 달할 것으로 예상된다(도표 6-2).

할랄은 이슬람교도에게 '허락받은 것'을 의미한다. 돼지고기에서 유래된 성분이나 알코올 등은 '하람HARAM(금지된 것)'이라 부른다. 하

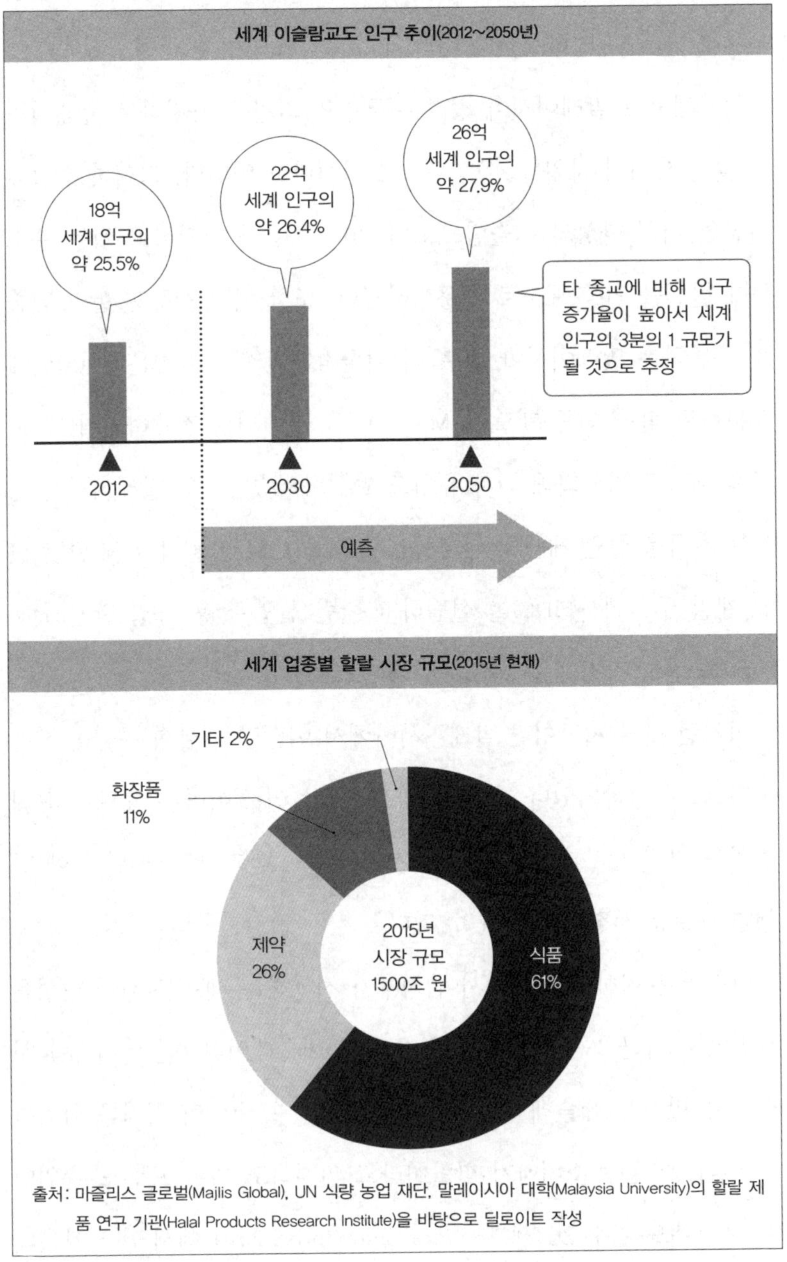

출처: 마즐리스 글로벌(Majlis Global), UN 식량 농업 재단, 말레이시아 대학(Malaysia University)의 할랄 제품 연구 기관(Halal Products Research Institute)을 바탕으로 딜로이트 작성

람에 일체 접촉하지 않은 것이 할랄이다. 말레이시아 정부는 이 할랄을 시장 창조와 결합시켰다.

역사적으로 말레이시아 정부는 국민의 과반을 차지하는 말레이인의 낮은 사회적 지위를 사회 문제로 인식하고 있었다. 그리하여 말레이인의 지위 향상과 이슬람교도의 권리 보호를 기획하고 정부 주도하에 할랄을 인증 제도로 성문화하였다. 또한 할랄 시장은 할랄 인증을 주관하는 말레이시아 정부 내 이슬람개발청(JAKIM)은 2000년에 성문화된 할랄 인증 제도인 'MS1500'을 국내외로 전개하였다. 또한 사회 제도로 가시화해 외자 유치도 활성화시켰다. 즉, 말레이시아 정부는 자국을 할랄 제품의 세계적인 유통 허브로 만들기 위해 할랄 산업 개발 주식회사(HDC)를 설립하고 할랄 산업 전용 공업 단지(Halal Park)를 전국 각지에 건설하고 있다.

이처럼 할랄 시장이란 말레이시아에서 이슬람의 사회 문제를 해결하기 위해 시작되었다. 할랄 시장은 '할랄 인증'이라는 새로운 규칙 형성을 기점으로 태동한 시장인 것이다. 즉, 불과 15~20년 만에 탄생한 새로운 시장이라고 할 수 있다.

할랄과 관련하여 말레이시아 정부가 진행하는 새로운 질서 형성을 후방에서 차근차근 지원하여 온 회사가 네슬레이다. 현재 이슬람 시장에서 '할랄은 네슬레'라고 할 정도로 최고 브랜드의 입지를 확립하고 있다. 이슬람 소비자가 할랄이라고 인지하고 있는 브랜드 순위인 '누르 브랜드 지수 2010(The Noor Brand Index 2010)'에서 탑 5 가운데

3개를 네슬레가 차지하고 있다. 네슬레는 현재 세계 50개국 이상에서 할랄 제품을 판매하고 있다.

네슬레는 1970년대부터 말레이시아에 진출했으며, 현지 할랄에 대한 소비자 니즈에 일찌감치 주목하고 있었던 것 같다. 네슬레는 JAKIM의 할랄 인증이 개시된 해와 같은 해에 말레이시아에서 판매 중인 식품 전 품목에 대한 할랄 인증을 취득했다. 2004년에는 JAKIM이 추진하고 있었던 말레이시아 할랄 음식 기준 책정에도 공헌하였다. 2008년에는 말레이시아의 정부 기관과 NGO, 대학과 협력하여 말레이시아의 중소기업에 할랄 인증을 보급하는 활동에도 종사하고 있다. 또한 최근에는 OIC(이슬람 협력 기구)에서 추진하고 있는 각 국가별 할랄 인증 기준의 통일에 주목하고, 글로벌 할랄 인증 로고 설치를 추진·장려하는 계획도 표명하고 있다. 네슬레는 말레이시아를 기점으로 진행되는 할랄에 관한 질서 형성에 참여하는 동시에, 향후 할랄의 세계 기준을 통일하려는 움직임에도 주목하고 있다. 이슬람 시장에서 자사의 경쟁 우위를 유지하고 확대하려는 전략을 준비하고 있는 것이다.

또한 할랄과 관련하여 앞으로 주목해야 할 사항 중 하나는, 이슬람 교도 소비자를 대상으로 한 할랄의 이미지가 최근에 확대되고 있다는 점이다. 이미 할랄은 물류나 관광, 소셜미디어 같은 미디어 서비스 산업에서도 이슬람 사회를 보다 더 좋게 하기 위한 광범위한 개념으로 사용되고 있다. 또한 일부이기는 해도 성문화도 시작되고 있다.

게다가 근래에는 환경·동물에도 친화적인 지속 가능성(sustain-
ability)에 관한 사항도 할랄로 인식하여야 한다는 논의가 일어나고 있
다. 만약에 '지속 가능성을 실현하고 사회적 가치를 유지·창출하는
것'을 할랄이라고 인식한다면, 당연히 CSV를 추진하는 기업이야말로
할랄 시장에서 우위를 선점할 가능성이 있다고 말할 수 있다. 지속 가
능성에 주목한 할랄의 표준을 향후 누가, 어떻게 준비해서 시장 창조
를 선도할 것인지에 대해 이목이 집중되고 있다.

질서 형성의 출발점, NGO

　최근 새로운 질서 형성에 있어 NGO가 중요한 역할을 하고 있다. 제1장에서 기술한 것처럼 정책 제언 능력을 갖춘 유력한 NGO 수는 세계적으로 꾸준히 증가하고 있다. 더구나 2013년에는 사회 문제에 대해서 상당한 영향력을 가진 글로벌 기업과 NGO가 협조함으로써, NGO가 자발적으로 해결하려는 사회 문제를 글로벌 기업의 자원을 활용해 해결하는 사례도 증가하고 있다.

　NGO는 공정하며 개방적인 존재인 동시에 사회 문제 해결을 직접 견인하는 입장에 있다. NGO들을 통해 새로운 규칙을 만들어 가는 것은 기업 입장에서 보면 '기업이 단독으로 진행하는 것보다' 효과적이다. 따라서 NGO는 질서 형성을 기대하는 기업에 없어서는 안 될 존재이다.

제1장에서 소개한 것처럼 월마트의 환경 문제 해결을 위한 대응은 월마트 자체가 가진 세계 최대 소매업체로서의 힘을 사용한 것이다. 세계 전역의 거래처나 경쟁사를 끌어들임으로써 거대한 하나의 조류를 만들어 내고 있는 것이다. 이같은 대응을 가속화하는 월마트의 주요 파트너 중 하나가 국제 환경 NGO인 인바이론멘털 디펜스다. 또 주요 기업과의 컨소시엄 형식으로 구성된 지속 가능성 컨소시엄도 특정 기업의 이해에 좌우되지 않는 공정함으로, 더 나아가 개방형 플랫폼 형성의 기반 구축에도 공헌하고 있다.

월마트는 이와 같은 NGO나 컨소시엄과의 협력을 통해 공급 사슬 네트워크 안에서 충족시켜야 하는 독자적인 규칙을 만들고, 이를 업계 표준으로 자리매김시키는 동시에 전 세계에 전파하고 있다.

사회 문제를 해결하기 위한 질서 형성을 준비하는 데는 전제가 필요하다. 자사가 전략적으로 사업을 시작하고 싶은 신상품이나 서비스, 기술이 어떻게 사회 문제 해결에 기여할 수 있는지(즉 대의가 무엇인지)를 명확히 할 필요가 있다.

동시에 사회 문제 해결에도 효과를 발휘하고 사업적 측면에서도 바람직한 규칙은 어떤 것인지도 명확히 해야 한다. 예를 들어 자사 상품이 부가 가치를 가진 시장에서 인지도를 극대화하기 위한 측정 기준 도입, 경쟁사를 따돌리기 위한 품질 규제 기준 향상, 시장 진입에 필요한 보조금 제도 신설 등이다.

질서 형성을 구체적으로 실행하려면 유력한 NGO의 존재를 확인할 필요가 있다. 즉, 자사와 동일한 주제의 사회 문제 해결을 내세우며, 규칙의 필요성을 대변하고, 도입 추진을 선도할 수 있어야 한다. 이미 독자적으로 규칙을 세우고 있는 NGO가 존재한다면 요건을 추가할 수 있는지 검토하는 등 NGO와의 협업 방법을 생각해 두는 것도 바람직하다.

실제로 NGO와 더불어 새로운 질서 형성을 제창한 다음, 정부 기관 등과의 연계에 의해 보다 더 영향력이 있는 강력한 규칙 제정을 위한 지지 활동을 준비해 가는 것이다. 효력을 최대화하기 위해서도 규칙의 필요성에 대한 여론을 집중적으로 형성해 두는 활동이 중요하다. 정해진 규칙의 실질적인 힘을 키우기 위해 정부 기관 등과 직접 교섭하고 시민이나 저널리스트, 대학 교수, 언론 등을 활용해 대의를 호소하면서 지지를 준비한다. 규칙·질서 형성을 진정으로 성공시키려면 광범위한 사회를 자기편으로 만드는 '사회에 대한 커뮤니케이션 능력'을 조직 안에서 형성해 나가는 것이 요구된다.

질서 형성을 추격해 오는 신흥국

일본은 새로운 질서를 만드는 일에 대한 잘못된 인식을 버려야 한다. 더불어 신흥국과 개도국에서도 규제가 날로 증가하는 현실도 인식할 필요가 있다. 많은 신흥국과 개도국은 사회 인프라 정비가 따라가지 못할 정도로 경제가 급격하게 성장하고 있다. 따라서 심각하고 다양한 사회 문제가 나타났다. 그래서 이를 해결하기 위한 규제나 규칙 역시 급속히 늘고 있다.

특히 중국이나 인도를 시작으로, 주요 신흥국에서는 스스로 국제 규범을 만들려는 적극적인 움직임도 나타나기 시작하였다. 예를 들어 중국에서는 2001년 WTO 가입 이후에도 국제적 규칙에 제대로 대응하지 못하였다. 이후 지적 소유권 침해에 따른 거액의 배상금 지불이나 일부 산업 쇠퇴까지 경험하면서 본격적으로 대책을 검토하기 시작했다. 2007년에는 '표준 발전 계획'을 통해 규칙을 만들고 수출 강화를 명확하게 추진하였다. 즉, 중국 기업에 유리한 질서를 만들어 이익을 확대하려는 것이다. 예를 들어 국제 표준 규격화를 정하는 상황에서 간사국을 최대한 포섭하는 전략을 추진한 결과, 2008년 이후 ISO에서 중국 편에 선 간사의 수가 급증하고 있다는 것이다.

질서 형성에 대한 잘못된 인식에 머물고 있는 일본 기업이 이를 무시하는 것과는 달리, 신흥국은 정부를 내세워 국제적인 질서 만들기에 적극적으로 대응하고 있는 현실을 뼈저리게 인식하여야 한다.

제7장

전략 방향4
오픈 이노베이션으로 린 스타트업

대기업에서도 필수적인 접근법,
린 스타트업

실리콘 밸리의 기업가 에릭 리스의 2011년 저서 《린 스타트업》에서 제창한 기업 프로세스인 '낭비 없이 효율적으로 추진하는 접근법'이 대기업에서도 주목받고 있다. 그래서 기업 내 신사업 개발 프로세스에 도입되기 시작했다.

린 스타트업이란 '구축(Build) – 측정(Measure) – 학습(Learn)'이라는 피드백 과정을 통해 사업 모델을 지속적으로 조정하면서 창업에 성공하는 접근법이다. 먼저 기업이 가설을 세운 사업 모델을 최대한 검증할 수 있는 '가장 기본 사양의 프로토 타입prototype 상품(Minimum Viable Product, MVP)'을 만든다. 그 다음에는 얼리 어답터early adopter가 될 수 있는 잠재 고객과 구체적으로 대화(test marketing)하면서 작은 실패를 거듭하며 궤도 수정을 충실히 추진한다. 이를 통해 지속적으로 사업 모델을 조정한다.

아무리 학문적 이론을 바탕으로 분석하더라도 현장에서 확보한 전문 지식이 없는 분야에 대해서는 사업 모델의 가설의 좋고 나쁨을 판단할 수가 없다. 실제로 고객이 있는 현장에서 대화하면서 사업 모델을 세련되게 가다듬는 작업을 반복함으로써 스타트업 창업을 큰 실패 없이 효과적으로 추진할 수 있다.

현재 누구나 성공한 것으로 알고 있는 구글조차 '플랜 A'는 실패로 끝났다. 처음에는 획기적인 알고리즘에 의한 훌륭한 검색 엔진을 개발하고 시장 진입에 성공하여 학술적 측면에서는 위대한 업적을 이루었지만 말이다. 하지만 시장 진입과 더불어 증가한 하드웨어의 유지·보수 비용 때문에 사업은 실패로 끝나고 말았다. 이후 '플랜 B'로 타 인터넷 기업에 대한 라이선스 공급 모델을 내세우지만, 이는 성공하지 못하였다. 그 후 겨우 다다른 것이 오늘날 이루어지는 것과 같은 광고 모델이라는 것이다.

또한 유럽 저가 항공의 창시자격인 얼라이언스 에어Alliance Air도 처음부터 LCC 사업 모델을 채택한 것은 아니다. 당초 계획은 기존의 항공사보다 쾌적한 서비스를 저가에 제공하려 하였지만, 2가지 노선과 2대의 항공기만으로는 채산성이 떨어져 존속 위기에 직면했다. 당시 경영진은 미국에서 성공을 거두고 있는 사우스웨스트South West 항공의 사업 모델에 착안하여 종래의 사업 모델에서 LCC형으로 크게 방향을 선회했다. 이를 통해 기존 항공사와는 다른 성장 노선을 통한 성공을 손에 넣을 수 있게 되었다.

아무리 훌륭한 사업 계획도 최초의 구상이 그대로 성공을 거두는 경우는 많지 않다. 따라서 사업화와 수익화를 위해 잠재 고객의 '생생한 목소리'에 귀 기울이고, 이를 통해 사업 계획을 진화시키는 지속적인 활동을 해야 한다.

최근 린 스타트업 이론은 벤처 기업뿐만 아니라 대기업의 신사업 개발 프로세스에도 적용되기 시작하였다. 이미 GE가 린 스타트업을 자사의 인재 육성 프로그램에 도입하였다. 새로운 사업을 시작할 때 투자 의사 결정에 시간이 너무 많이 걸린다거나 수요 파악 오류로 커다란 실패를 경험한 적이 있는 일본 기업 입장에서는 이 린 스타트업 접근법 도입은 매우 효과적이다.

신사업의 린 스타트업을 지향할 때, 특히 중요한 과정은 시제품 제작이다. 그중에서도 잊지 말아야 할 것이 바로 고객에 의한 개발 과정이다(도표 7-1).

전 단계에서 명확해진 사업 기회와 대상 시장에 대한 사업 모델의 초기 가설을 기반으로 대상 시장의 잠재 고객에게 구체적인 제품 모델 이미지나 제품 프로토 타입 등을 언급하면서, 직·간접적으로 접근하고 논의를 진행한다. 이 잠재 고객과의 토론 과정을 통해서 초기 가설을 검증하고, 새롭게 발견된 잠재 고객의 니즈를 바탕으로 새로운

<표 7-1> 신사업 창조의 린 스타트업 프로세스 예시 (1)

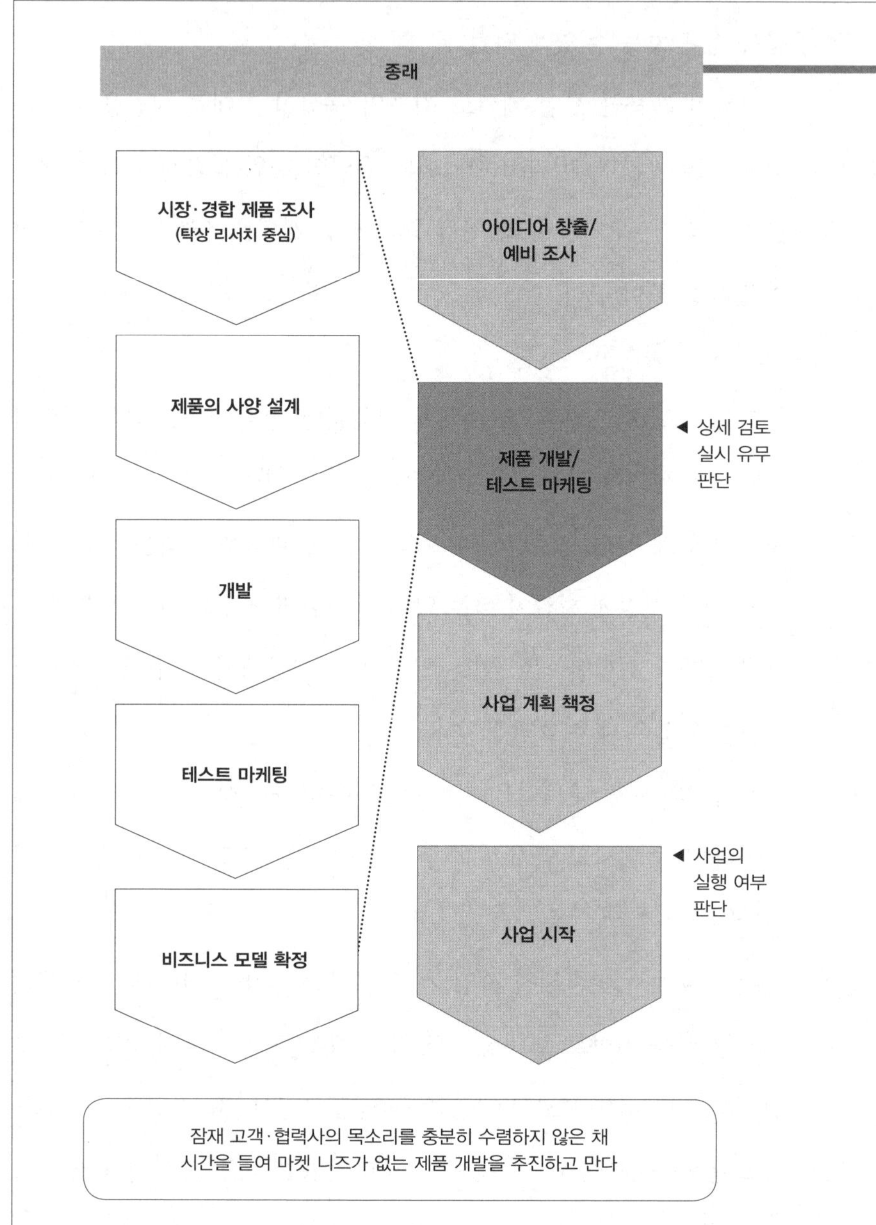

<표 7-1> 신사업 창조의 린 스타트업 프로세스 예시 (2)

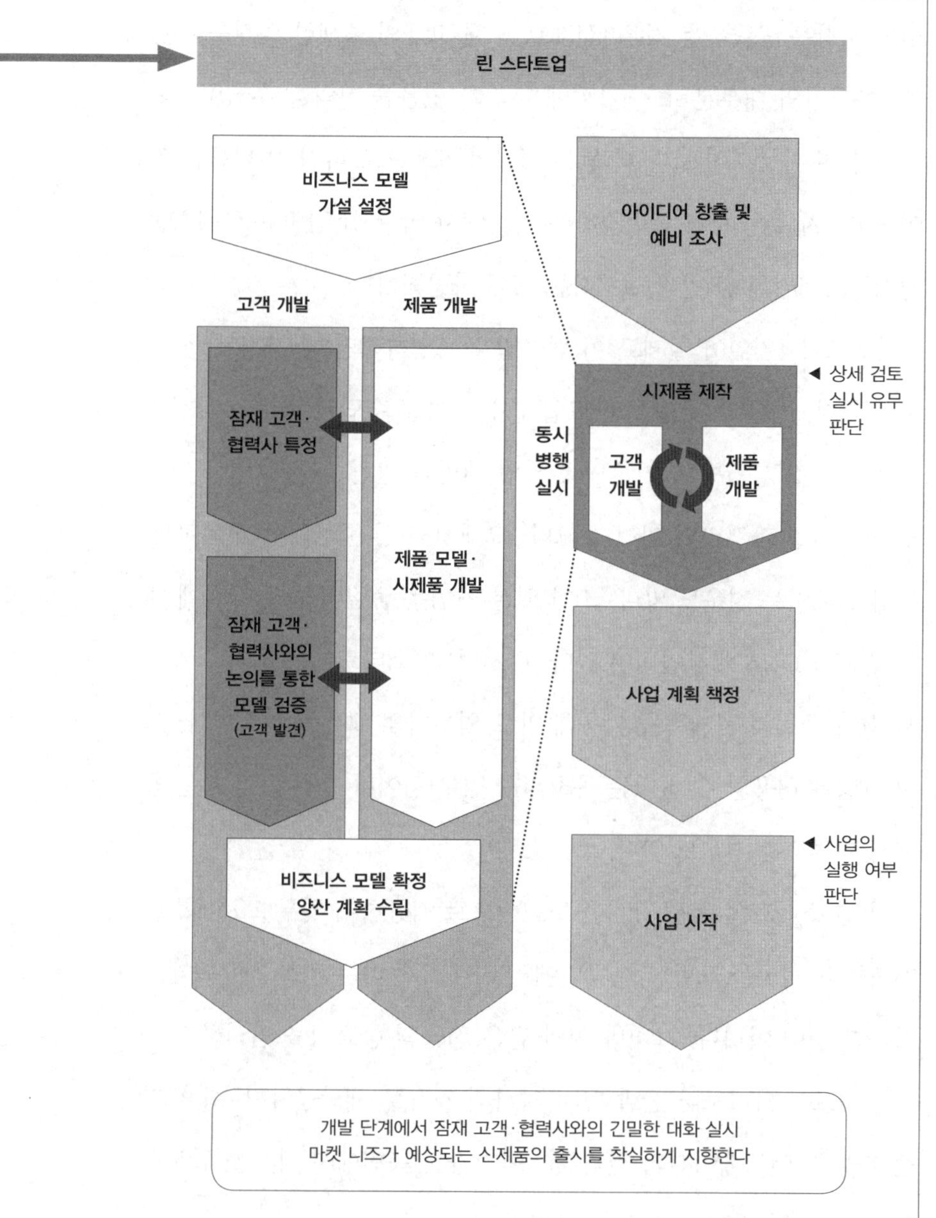

사업 모델에 대한 가설을 세우고, 제품 개발 과정에 반영한다. 특히 해외 시장을 공략하는 경우, 실제로 잠재 고객의 생생한 의견을 수렴해 보면 거의 대부분 초기 가설에 무리가 있음을 파악할 수 있다. 따라서 실현 가능성이 보다 더 높은 신사업 계획으로 다시 잘 다듬는 것이 좋다. 새로운 사업을 런칭하는 과정에서 이 가설 검증 프로세스를 길게는 3개월에 한 번씩 실시하는 것이 바람직하다.

다만 일본 기업이 실제로 이 접근법을 도입하려면 몇 가지 산을 넘어야 한다. 예를 들어 린 스타트업에서는 '가설 수립과 검증의 과정을 허용하는 경영 기법'이 기존의 신사업 개발과 관련한 투자 의사 결정 및 모니터링 과정과의 괴리가 크다. 그래서 경영진의 의식 개혁 과정에서 실패하는 경우도 많다. 또한 일본 기업은 품질이 높은 제품에 대한 요구가 DNA에 각인되어 있다. 하지만 린 스타트업은 초기 단계에서 최저 품질의 시제품을 이용해 바로 외부와의 교류를 시작한다. 이런 방법은 허용할 수 없다는 목소리가 법무 팀이나 품질 관리 부문 등에서 거론되는 경우도 있다.

이 린 스타트업 접근 방식을 조직적으로 적용하여 업무 프로세스를 개혁하고 의식을 포함한 다방면에 뿌리내리게 하는 일은 하루아침에 가능한 것이 아니다. 그러나 이와 같은 접근의 중요성을 인식하고 조직 지知로서 타사보다 한발 앞서 자사의 것으로 체화한다면, 향후 창출 가능한 이노베이션의 질과 양, 이 2가지 측면에서 타사를 압도할 정도의 인상을 남길 여지는 충분하다.

린 스타트업 가속화에 필수적인
오픈 이노베이션 네트워크

린 스타트업에서 간과하지 말아야 할 포인트는 '효과적이면서 속도 감 있게 가설 검증을 반복하려면 양질의 스파링 파트너가 매우 중요하다'는 점이다. 신사업 개발 부문에서는 어떤 신사업 프로젝트를 추진할 때 활용할 수 있는 외부의 네트워크가 필수적이다. 즉 '오픈 이노베이션 네트워크'를 어느 정도의 폭과 깊이로 보유하고 있는지가 린 스타트업의 승패를 좌우한다.

오픈 이노베이션은 미국 버클리 대학의 헨리 윌리엄 체스브로 교수가 2003년에 제시한 기술 혁신 전략이다. 2000년대 중반 '중앙 연구소 종말의 시대'에 새로운 연구 개발과 제품 개발의 방향을 제시한 개념으로서 세계적으로 널리 알려졌다. 1980년대 일본의 수직 통합형 반도체 제조 기업의 압도적인 경쟁력에 대항하기 위하여 미국 정부가 1990년대 이후에 준비해 크게 성공을 거둔 산업 전략에 그 기원을 두고 있다. 미국 정부는 일본 기업에 대항하기 위하여 중장기적인 기술 로드맵을 명시하고, 민간에서 기술 개발 경쟁과 리스크 매니지먼트 도입, 그리고 한국과 대만의 벤처 기업과의 국제적인 수평 분업을 촉진하였다. 그 결과 인텔Intel, IBM, AMAT, ASML, 삼성, TSMC 등을 비약적으로 발전시켜 새로운 사업 모델을 만들어 냈다. 이러한 대응에 일본 기업은 변화에 약한 수직 통합형 대기업의 약점을 드러내면서 경쟁력을 잃었다.

일본 제조업계는 20년간 이어진 산업 경쟁력 저하의 원인 중 하나를 '오픈 이노베이션에 제때 대응하지 못했기 때문'으로 인식하고 있다. 특히 일본 기업의 경영자들은 기술 영역에서는 대비하고 있었지만, '기대했던 것만큼의 성과를 올리지는 못하였다'는 평가를 내린다. 특히 일본 기업은 기술 정보에 대해 비밀주의 성향이 강하다. 특정한 이노베이션 프로젝트에 관련된 정보 하나에 대해서조차 외부와 공유하는 것을 꺼린다. 하물며 광범위한 외부 네트워크를 구축하는 것 자체가 이노베이션 역량을 좌우한다고 인식한 기업은 아직 많지 않을 것이다.

한국은 이러한 '일본의 잃어버린 20년'을 교훈 삼아 연구 개발, 상업화 과정에서 외부 파트너와의 기술·지식을 공유·활용하기 위한 외부 네트워크를 적극 활용하는 이노베이션 전략이 필요하다.

오픈 이노베이션 선진 기업인 P&G가 추진하는
글로벌 '지知' 네트워크

오픈 이노베이션의 대표 사례로 유명한 것이 바로 P&G의 C&D(Connect&Development)이다. 2000년 당시 곤경에 허덕이던 P&G에 앨런 라플리가 새로운 CEO로 취임했다. 라플리는 M&A에 의존하지 않고 지속 가능한 내부 성장을 우선시했다. 그리고 이를 실현하기 위한 이노베이션 중심 조직을 지향했다. 그래서 신제품과 신기술 이노베이션의 50%를 외부(OB, 소비자, 협력사, 기술계 벤처 등)에서 조달한다는 목표를 세웠다(2000년 당시에는 15%).

2000년 당시에도 매출 규모가 400억 달러에 달했던 대기업인 P&G가 이 C&D를 포함한 이노베이션 중심의 조직 개혁을 추진한 이후, 8년 만에 매출 800억 달러가 넘는 성장을 이루어 낸 사실은 의외로 알려져 있지 않다.

C&D를 통해서 신제품과 신사업 아이디어 수는 3배 증가하였고, 연구 개발 기간은 대폭 줄어들었다(제품에 따라서는 50% 감소). 즉, 매출액 대비 연구 개발 비용은 50% 감소하였으며, 시장에 출시하는 제품 가운데 회사 외부에 기점을 둔 제품이 50%를 넘는 등의 성과를

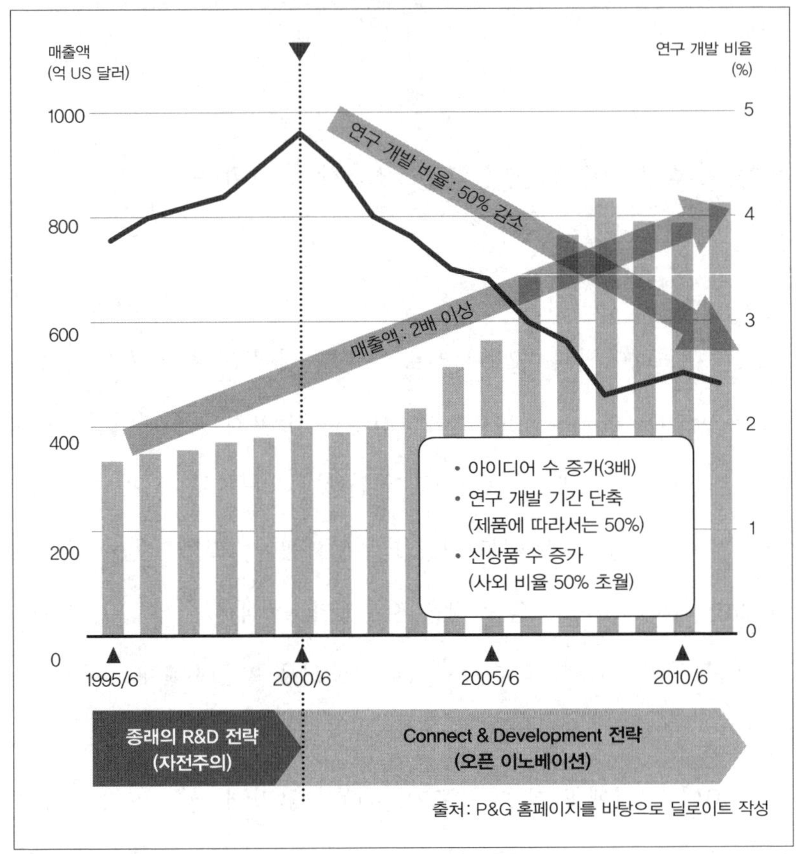

올려 매출액을 2배 이상 확대한 것은 경이적이다(도표 7-2).

훗날 앨런 라플리 역시 "P&G 부활의 열쇠는 오픈 이노베이션에 있었다"라고 기술하고 있다.

다만 여기서 간과해서는 안 될 것은 'P&G는 C&D 활동 이외에도 집중적으로 다양한 오픈 이노베이션 네트워크 기반을 착착 구축해오고 있다'는 점이다. 예를 들어 P&G가 외부 소스의 하나로 활용하고 있는 유어 엔코어Your Encore 사는 원래 P&G가 미국의 다국적 제약사인 일라이 릴리(Eli Lilly and Company)와 공동으로 설립한 벤처 기업이다. 이 회사는 은퇴한 미국의 베테랑 기술자들과 과학자들을 기업의 프로젝트에 소개하고 있다. 2014년에는 기술자와 과학자 등으로 구성된 8,000명의 네트워크를 보유하고 있으며, 사업의 범위를 P&G나 일라이 릴리뿐만 아니라 약 70개 기업으로 확대했다.

P&G가 거래하고 있는 오픈 이노베이션 네트워크 기반에 소속된 누적 기술자 총수는 세계 연구자 전체 규모의 3분의 1에 이른다고도 한다. 이것은 P&G가 세계 '지知'의 3분의 1에 대해 자신의 네트워크에서 직·간접적으로 관여함으로써 어느 정도 성공을 거둔 경우로 보인다. 즉, '창조적 계급(Creative Class)'*이 이노베이션의 원천이다'라고 하는 이른바 지知 선점 경쟁이 일어나고 있는 것이다. 그리고 P&G는 이를 선행하여 성공한 것으로 보아야 할 것이다.

---

* 데이터나 물질을 가공 처리하여 새로운 유용한 것을 만들어 내는 인재를 말한다. _옮긴이 주

NGO와의 오픈 이노베이션이
필수가 된 시대

NGO는 사회 문제 최첨단의 현장에서 사회 문제 동향이나 해결을 위해 노력하고 있다. 말하자면 '사회 문제 전문가'이다. 기업과 NGO와의 연계 가능 범위는 새로운 대규모 시장의 발굴에서부터 사업 모델 구상, 새로운 질서 형성, 신사업 기획에까지 이른다. 즉, 신사업 창조 프로세스상 일관되게 연계할 여지가 있다.

그중에서도 특히 NGO와의 연계라는 관점에서 잊어서는 안 될 것이 있다. NGO가 사회 문제에 관한 식견을 지녔을 뿐만 아니라, 지금까지의 기업과 정부 등과의 연계 활동을 통해서 시장 안에서도 경쟁력 있는 최첨단 솔루션이나 기술과 노하우까지 보유하는 시대가 되고 있다는 점이다.

예를 들어 수자원 대책이라는 관점에서 역사적으로 대응하고 있는 글로벌 환경 NGO인 세계자연기금(WWF)은 세계적으로 물에 관한 사회 문제에 대한 식견뿐만 아니라 최첨단 솔루션 노하우까지 보유하고 있다.

WWF는 코가콜라의 물 사용 효율 향상 담당자들과 연계하여, 보틀링 공장 내에서의 물 사용량 절감을 지원했다. 업무 중 물 사용 발자국을 최소화하기 위한 방책이 기재된 '물을 효율적으로 사용하기 위한 도구'를 개발하고, 전 세계 코카콜라 그룹을 대상으로 시스템을 도입한 실적과 경험도 가지고 있다.

또한 2009년에 독일 투자 개발 공사(DEG)의 의뢰를 받아 실시한, DEG가 전 세계를 대상으로 진행 중인 투자 안건에 대한 물 위험도 평가 결과를 지적 노하우로 승화시켜 체계적인 지표를 개발하는 공동 사업으로 발전시켰다. 그 결과 완성된 것이 전 세계적으로 시설과 설비에 대한 물 리스크를 온라인으로 평가할 수 있는 '물 위험 필터(The Water Risk Filter)'라는 온라인 사이트이다. 이를 통해 WWF는 일부 국가의 국제 개발 담당 관청이나 국제 개발은행, 글로벌 기업 등을 고객으로 두고 서비스를 제공하고 있다.

NGO와의 오픈 이노베이션 교두보,
글로벌 인재 육성 프로그램

    NGO와의 오픈 이노베이션 네트워크 구축이라는 문맥에서 미국이나 유럽의 글로벌 기업들이 가진 의지의 범위는 인재 육성 영역까지 확대되어 가고 있다.

    이에 따라 미국이나 유럽 글로벌 기업 중에서는 국제 기업 봉사자(International Corporate Volunteers, ICV)를 이용하는 경우가 2006년 무렵부터 확대되기 시작하였다. ICV란 기업 내부에서 일정 기술이나 노하우를 보유하고 있는 젊은 직원부터 중견급에 이르기까지 내부 직원들을 신흥국의 정부 기관이나 NGO에 파견하여, 현지의 사회 문제를 해결하는 과정을 통해서 사회 문제 해결형 이노베이션에 대한 감각을 갖춘 글로벌 인재를 육성하기 위한 인재 육성 프로그램(혹은 CSR

프로그램)이다(도표 7-3).

ICV를 활용하는 것으로 알려진 글로벌 기업만 해도, 2011년 현재
GE, 화이자 pfizer, IBM 등 20개사 이상에 달한다. 이러한 기업들에서
는 약 2,000명의 인재를 파견하였다.

한편 일본 내에서는 비영리 법인인 크로스 필즈 cross fields 가 '유직留職
(유학에 빗댄 말로, 기업에 속한 인재가 글로벌 감각을 기르기 위해, 현재의 조
직을 일단 떠나서 일정 기간 신흥국 등 해외에서 근무하는 것)'을 키워드로,

〈도표 7-3〉 미국과 유럽 기업이 선행하는 ICV

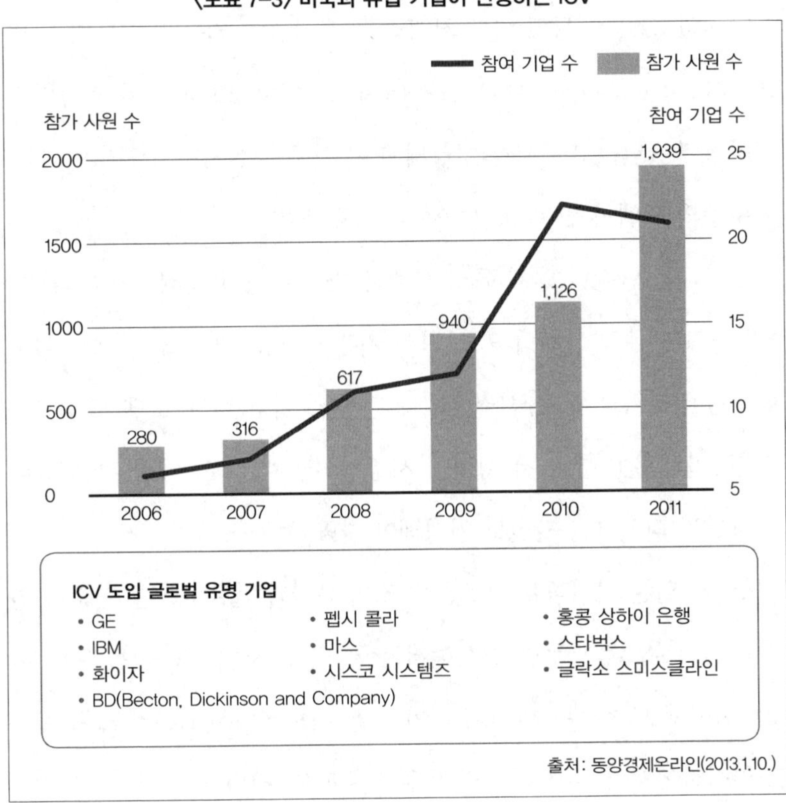

2012년경부터 일본 기업을 대상으로 ICV 활동을 지원하기 시작하면서 드디어 ICV가 널리 인지되기 시작하였다.

이러한 ICV가 내세우는 인재 육성이나 CSR 활동의 배후에는 '현지 NGO나 정부 기관과 구축한 오픈 이노베이션 네트워크'와 'CSV를 통한 이노베이션'이라는 도전이 존재한다. 이런 관점에서 보면 ICV 투자에 대한 전략적 의도를 이해할 수 있다.

예를 들어 화이자는 신흥국 의료 서비스에 대한 접근성 향상, 의료 전문 지식의 정착, 의료 품질과 효율성의 향상이라는 목적하에서 ICV를 추진하고 있다. 특히 인도 최대의 의료 기관인 '기독교 의학 대학 및 병원(Christian Medical College & Hospital)'에서 2004년 이후 종업원 14명이 총 1만 4,000시간 이상의 봉사 활동을 실시함으로써 인도 최고 수준의 모델 병원을 개원하는 데 성공하였다.

이 사례를 단순한 인재 육성 사례나 CSR로 인식해서는 안 된다. 이 병원을 만드는 과정에서 의료 관련 기관, 기업과의 폭넓은 오픈 이노베이션 네트워크가 형성되었기 때문이다. 이와 함께 모델 병원화를 추진하면서 준비한 질서 형성이 시발점이 되어 자사 제품 판매 확대의 발판이 되었다는 사실도 인식해야 한다.

따라서 일본 기업들은 크로스 필즈의 유직과 같은 ICV를 단순한 인재 육성 프로그램으로만 인식해서는 안 된다. 오히려 CSV를 통한 이노베이션에 도전하는 데 필수적인 오픈 이노베이션 네트워크 구축으로 인식하면서 이에 전략적으로 투자할 필요가 있다.

지知 네트워크와의 조합으로
사업화 사이클 가속화

오픈 이노베이션으로 상품 개발 속도를 높이려는 노력이 요구되고 있다. 아울러 새로운 사업을 원활하게 시작하는 사고방식으로서 '작은 실패들을 거듭하여 커다란 사업으로 키우는' 린 스타트업 역시 널리 보급되었다. 딜로이트에서는 이 린 스타트업의 사고방식을 더욱 발전시킨 사업 개발 능력 강화 접근법을 도입하도록 장려하고 있다 (도표 7-4).

앞에서 언급한 것처럼 린 스타트업을 추진하는 데는 스파링 파트너가 될 수 있는 외부 오픈 이노베이션 네트워크가 반드시 있어야 한다. 이 오픈 이노베이션 네트워크를 효과적으로 구축하기 위해 우선 첫 번째로 유효한 것이 동지를 모으는 일이다. 이 일은 사회 문제 해결을

<도표 7-4> 외부의 지를 효과적으로 활용한 사업 개발 속도 가속화 접근법

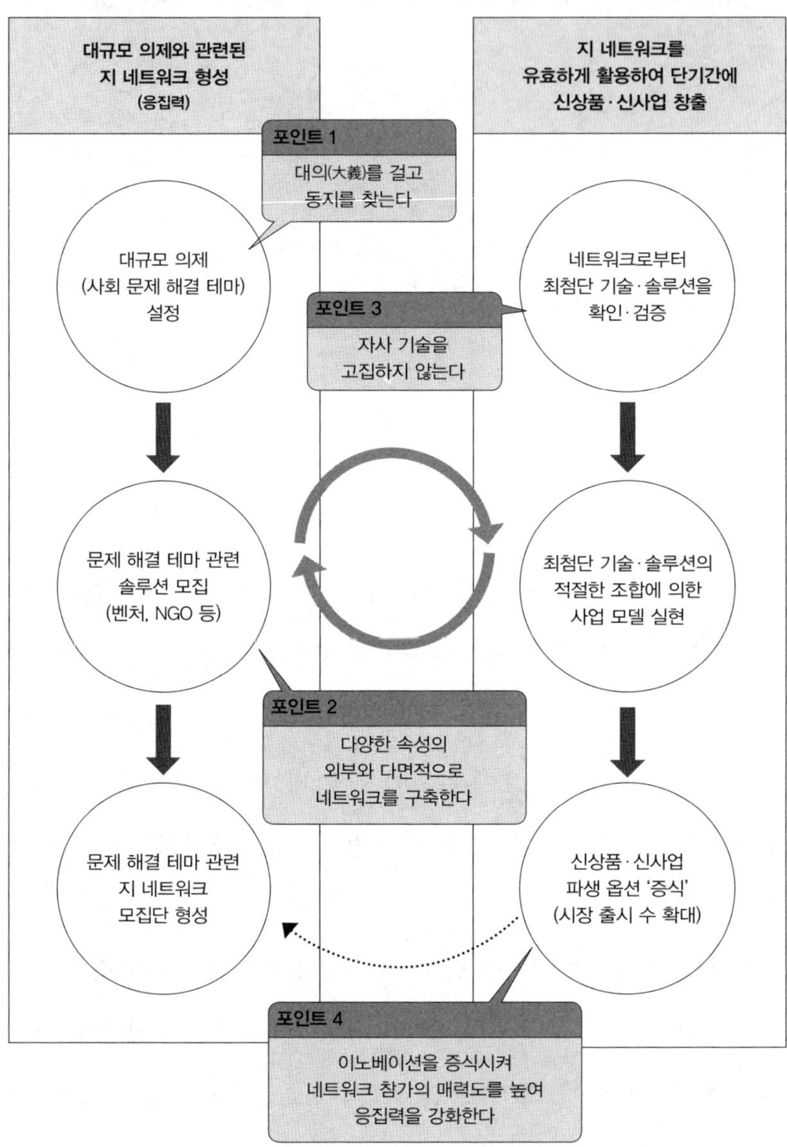

테마로 대의명분이 존재하는 커다란 의제를 제시하면서 단순한 경제 가치 창출을 위한 제휴에 국한된 것이 아니다. 이때 네트워킹의 대상으로는 거래 기업뿐만 아니라 벤처 기업이나 NGO, 정부 기관 등까지 폭넓게 포함시켜야 한다. 즉, 대의명분하에 지 네트워크를 의식적으로 형성하고, 이를 지속적으로 강화하는 활동이 필요한 것이다.

린 스타트업에 의해 신상품·신사업 창조의 속도를 높이려면 이미 형성된 지 네트워크를 모집단으로 삼을 필요가 있다. 즉, 별도로 기획한 사업 기회와 사업 모델을 구성하기 위해 필요한 자원으로서 자사 기술만 고집할 것이 아니라, 이 네트워크에서 자원을 조달할 필요가 있는 것이다. 따라서 무의식적으로 눈앞에 있는 것만 활용하려는 경향이 강한 일본 기업들은 외부 네트워크에서 자원을 상시적으로 조달하기 위한 조직 DNA 개혁을 통해 외부와의 적극적인 기술 공유·협력으로 새로운 가치를 창출하여야 한다.

새로운 상품 개발이나 신사업을 창조할 때는 파생 옵션을 포함하여 신제품의 시장 출시 속도나 판매 수량을 압도적인 수준으로 높여야 한다. 오픈 이노베이션 네트워크 강화 시 명심해야 할 점은 무엇보다 '네트워크에 소속됨으로써 실현되는 신상품 개발 수량'이다. 따라서 오픈 이노베이션 네트워크의 강화를 위해 신상품 개발 속도 향상과, 여기서 파생되는 이노베이션을 포함한 추가 여지를 발굴하는 식견이 요구된다.

제8장

전략 방향5

CSV 확산을 위한 메커니즘의 시스템화

이노베이션하고 싶다?

하고 싶지 않다?

기업 내부의 이노베이션 상황을 보면, 무의식중에 이노베이션을 방해하는 역학이 가동되고 있는 것을 알 수 있다.

최근 기업에서는 '이노베이션 난민'으로 불리는 계층들이 증가하고 있다. 이들은 경영자에게 '차세대 경영의 기둥이 되는 신사업과 이노베이션을 창출할 수 있는 아이디어를 고민하라'는 목표를 부여받는다. 하지만 무기(노하우나 아이디어)가 조직 내에 축적되어 있지 않은 환경에서 당장 내일 매출을 올리기 위해 필사적인 사업 부문에서는 냉대를 받으면서 해결 방법을 찾지 못하는 상황에 빠진다. 결국 경영자에게서 '이노베이션이라고 하지만, 일단 내 임기 내에 일정 규모의 매출을 올리는 사업을 만들어 주기 바란다. 지금 어떻게 진행되고 있는가?'라는 압박을 매일 받는 등 곤경에 처한다.

이렇듯 상부에서 이노베이션에 대한 지시를 받지만, 조직 내에서 이루어지는 무의식적인 저항 때문에 할 일을 상실한 이노베이션 담당자에게 '이노베이션 난민'이라는 이름표가 붙은 것이다.

일본 기업 내부에는 이렇듯 모순과 딜레마를 안고 있는 이노베이션 담당자가 엄청나게 많이 존재한다. 저자가 이와 관련하여 컨설팅 현장에서 들은 생생한 목소리의 일부를 소개한다.

- 경쟁사를 모방하지 않는 혁신적인 신사업을 생각하라고 해서 제안을 했지만, 임원들은 '시장성 분석이 부족하다'라고 일축해 버린다. 애당초 지금 세상에 없는 시장의 장래성을 본업과 동일한 방법으로 예측할 수가 없을 텐데도 말이다.
- 타사와 협력하여 신사업의 가능성을 모색하라는 지시를 받았다. 이에 유망한 벤처 기업과의 협업을 제안하였지만, '회사 신용도가 없다'라는 이유로 통과되지 못하였다.
- 무엇보다도 빨리 사업화하는 것이 중요한데, 기존 사업부에서 비용을 삭감하려는 의향이 전달되어 외부 자원을 적극적으로 활용하는 것도 불가능하다.
- 본래 성공 가능성이 낮은 신사업에 도전하고 있지만, 기존 사업과 동일한 기준에서 인사 평가가 진행되기 때문에 참여자에게 동기 부여가 이루어지지 않는다.

의식적으로 이노베이션을 촉진하는
메커니즘 이식

처음부터 이노베이션을 일회성 이벤트가 아닌, 전사적 활동으로 승화시켜 실제로 구현하려면 조직 내에서 의식적으로 메커니즘을 시스템화하는 것이 필요 불가결하다.

GE를 시작으로 하는 미국이나 유럽의 글로벌 장수 기업의 CEO 계층은 일반적으로 이노베이션을 자신의 목표로 인식·행동하고 있다. 앞서 기술한 P&G의 CEO 앨런 라플리는 "P&G에서 나의 일은 모든 이노베이션을 업무에 적용하는 것이다"라고 말한다.

그러나 안타깝게도 현재 많은 일본 기업의 경영자들은 이노베이션을 자기 자신의 소임으로 여기고 있지 않다. '이노베이션은 연구 개발 부문이나 신사업 개발 부문의 일'이라는 인식이 지배적이다.

이노베이션에 익숙하지 않은 일본 기업이 조직 내에 이노베이션 메커니즘을 이식하려면 전사에 걸친 조직 목표, 조직·인원과 체제, 프로세스, 시스템, 인재 관리, 조직 문화 등을 수평 전개하고, 근본적 차원에서 개혁할 필요가 있다. 이른바 '조직 DNA의 재구축 활동'이라고도 할 수 있는 문제이다.

이와 같은 일본 기업의 조직 DNA의 재구축 활동에 대해 최전선에서 대응하는 단체 중 하나가, 2013년 경제산업성 산하 연구회를 모체로 설립되었다. 저자 역시 운영에 참여하고 있는 사단법인 '일본 이노베이션 네트워크(Japan Innovation Network, 이하 JIN)'가 바로 그것이다. JIN에서는 앞에서도 언급하였지만 일본 기업의 조직 문제를 '이노베이션 에코 시스템의 결여'로 인식하고 있다. 그래서 이노베이션 에코 시스템을 구성하는 요소를 구조화하고, 조직을 진단하면서 문제를 해결하기 위한 이노베이션 지원을 포괄적으로 수행하고 있다. 상세한 것은 JIN 홈페이지(ji-network.org)를 참고해 주기 바란다.

또한 이노베이션의 체제화를 위한 조직 개혁의 난이도는 특히 '암묵지'가 차지하는 비율이 높은 이노베이션이 이루어질 때 그리고 CSV가 결합했을 때 더욱 높아진다. 공통의 가치 창출이 자사의 대규모 신사업 창조로 이어지는 과정이나, 그 과정에서 필요한 정부 기관, NGO, 타 기업과 벤처 기업 등 다양한 이해관계자들과의 관계와 대의명분하에서 협력하는 방법을 조직 안에 축적해야 한다. 이를 위해 이노베이션에 관한 직원 간의 대화를 늘리고, 지식 창조의 SECI(Socialization Externalization Combination Internalization) 모델[*] 중 공동화(Socialization)에서 표출화(Externalization)에 이르는 사이클을 중점적으로 순환시켜 가는 것이 필요하다.

이와 같은 상황 아래 조직 내 이노베이션 체제를 개혁하려면 횡적인 개혁 항목 중에서 해당 기업의 역점 사업과 함께 우선적으로 최적해를 도출해야 한다. 이때 횡적 항목을 하나로 묶어서 개혁을 추진해 가는 접근법은 기능하지 않는 경우가 많다.

이 책에서는 딜로이트가 경험한 '많은 기업에 공통적으로 유효한 해답'이 될 수 있는 ①이노베이션 투자 매니지먼트 혁신과 ②이노베이션 추진 조직 체제 혁신 등 2가지를 집중적으로 소개한다.

---

* 일본의 경영학자이자 히토츠바시 대학 명예 교수인 노나카 이쿠지로와 하버드 경영 대학원 교수 다케우치 히로타카가 《지식 창조 기업》에서 주창한 경영 모델이다._옮긴이 주

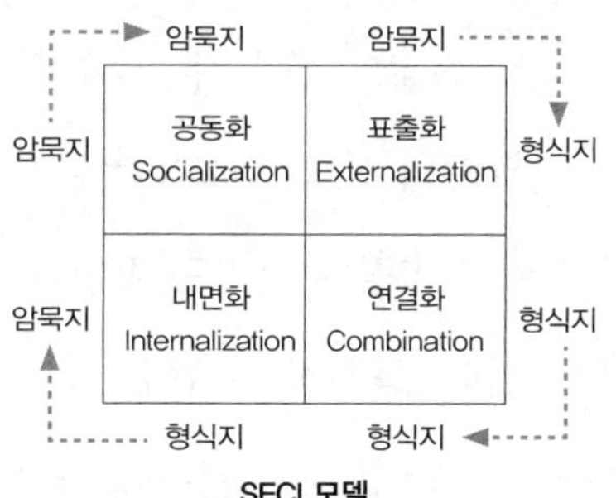

• 공동화(共同化): 공동 체험 등을 통해 암묵지를 획득·전달하는 프로세스
• 표출화(表出化): 획득한 암묵지를 공유 가능한 형식지形式知로 변환하는 프로세스
• 연결화(連結化): 형식지들 간의 조합으로 새로운 형식지를 창조하는 프로세스
• 내면화(內面化): 이용 가능한 형식지를 토대로 개인이 실천하고 그 지식을 체득하는 프로세스

출처: 《지식 창조 기업》

이노베이션 투자 매니지먼트 혁신 :
선택에서 개선과 보완으로

전 조직원이 참여하는 이노베이션을 추진하기 위한 동기 부여에 가장 방해가 되는 요인은 사실 경영자의 투자 매니지먼트이다.

현재의 먹거리를 추구하는 기존 사업과 미래의 먹거리를 추구하는 신사업의 경영 관리 방식은 크게 다르다. 하지만 의외로 많은 일본 기업에서 기존 사업과 신사업 각각에 대한 투자 평가가 동일하게 이루어진다. 매니지먼트 측면으로 사고가 전환되지 않는 것이다. 기존 사업에서 제각기 관리하고 있던 ROI(투자 수익률)의 산출 방법이 머리에 배어 있어, 무의식적으로 위험 부담과 수익을 결정해 버리는 것이다. 이럴 경우 신사업 투자는 제동이 걸리기 쉽다. 혁신적인 아이디어에 대해서마저 '그래서 3년 후에는 얼마나 벌 수 있어?'라고 기존에 사업을 운영하던 눈높이에서 질문한 결과, 많은 아이디어가 사장된다. 결국 '이노베이션 난민'의 증가가 초래되는 것이다.

경영자는 톱다운 방식에 의해 기존 사업과는 전혀 다른 눈높이와 사고로 신사업 투자 매니지먼트를 인식해야 한다. 그 후 경영자 자신이 평가한 많은 사업 아이디어 가운데서 투자처를 선택하는 것이 아니라, 경영자 자신이 각각의 아이디어를 완벽하게 개선해야 한다. 또린 스타트업에 따른 학습 효과를 모니터링하는 일련의 시스템을 정비해야 한다. 그럼으로써 조직 내 이노베이션 메커니즘은 크게 움직이기 시작한다.

이노베이션에 의식적으로 투자하는
포트폴리오의 필요성

이노베이션 투자에서의 필수적인 요소는 이노베이션에 관한 전략 목표를 구체적으로 설정하는 것이다. 제2장에서 조사 결과로 소개한 바와 같이, 매출에서 신상품과 신사업이 차지하는 비율이나 신사업 창조의 규모(투자 금액) 자체를 성과(output) 지표로서 설정한다거나, 전사 수준의 연간 투자액 중 일정 비율을 혁신적인 신사업에 계속 투자하는 투입(input) 지표를 목표로 제시하는 경우도 있다. 하지만 일본 기업 중에서 이러한 이노베이션에 관한 전략 목표를 제시하고 있는 기업은 거의 찾을 수 없는 것이 현실이다.

예를 들어 제2장에서 제시한 '70:20:10'이라는 이노베이션 투자의 황금비율처럼, 일본 기업 가운데 연간 투자 금액 중 10%를 혁신적인 신사업 창조에 의식적으로 투자하고 있는 기업은 얼마나 될까? 비율의 높고 낮음은 별도로 하더라도, '일정 비율을 반드시 투자한다!'고 의도적으로 설정한 기업은 몇 곳이나 될까?

많은 일본 기업에서 실적의 좋고 나쁨이나 경영자 교체에 따라 신사업 창조에 대한 투자 비율이 몇 년 주기로 변하는 경우가 많다. 그리고 장기에 걸쳐 투자가 유지되는 경우는 극히 드물다.

기존 사업과 전혀 다른 관점의 투자 평가 필요성

이노베이션에 관한 전략 목표 설정 및 투자 포트폴리오 설정에 덧붙여 중요한 것이 실제로 상정되는 투자 안건에 대한 CEO의 투자 평가 기준 설정이다.

투자 3년째에 단독 회계 연도 흑자, 5년째에 누적 적자 해소라는 '결정'에 신사업 특유의 투자와 모니터링 핵심 성과 지표를 도입하고 있는 기업이 많다. 하지만 실제 투자에 대한 평가 기준이 기존 사업과 동일한 위험 체감도나 사업 규모, 시간 감각이라면, 제2장에서 소개한 7셀 매트릭스에서 말하는 '2×2의 바깥 영역'에 존재하는 사업이 살아남기는 상당히 어렵다.

경영 측면에서 특히 잘못 떠올리기 쉬운 것이 '투자를 평가하는 목적이 수많은 사업 아이템 중에서 투자 대상을 확인하고 선택하는 데 있다'는 고정 관념이다. 이 경우, 투자 평가 기준의 기본선은 사업 계획의 완성도와 상정된 ROI로 수렴된다. 이런 접근법은 기존 사업의 연장선상에 있는 신사업에 대한 투자 판단에는 아직 기능한다. 하지만 지금까지 주로 참여하지 않았던 영역에 대한 사업이나 현재 전 세계 어디에도 없는 새로운 상품과 사업 기획에 대한 투자 판단에는 기능할 수 없다.

결과적으로 기존 사업 영역의 주변에서 타사가 이미 추진하고 있는 소규모 신사업 중에는 가능한 것이 많겠지만, 획기적인 이노베이션으로 이어지는 신사업은 투자 여부를 판단하는 과정에서 처음부터 탈락하는 흔한 구도에 빠져 버린다. ROI의 관점에서 보면, 투자 안건을 진행할지를 판단할 때 타사의 것을 모방하면 불가능한 사업, 새로운 시장을 창출할 수 있는 사업을 지향할수록 선택의 이유가 약해진다는 사실에 주의해야 한다. 특히 시장 자체가 존재하지 않는 경우는 당연하지만 다음과 같은 점을 염두에 둘 필요가 있다.

- 기준이 되는 시장 조사 보고서나 과거의 시계열 데이터도 존재하지 않는다.
- 유사 시장으로부터 유추하려고 해도 적절한 유사 시장이 존재

하지 않는 경우가 많다.

- 기존 고객은 기존 제품·서비스 관점에서 평가하기 때문에 기존 고객 데이터도 도움이 되지 않는 경우가 많다.
- 자신이 사용한 적이 없는 제품·서비스의 사용법을 상상하는 것은 곤란하다. 그렇기 때문에 시제품을 활용하고 있지 않은 상태에서 신규 잠재 고객들을 단순히 설문 조사해서 나온 데이터 등의 신뢰성은 높지 않다.

2002년 5월 시장 조사 보고서에서는 하드 디스크를 베이스로 한 MP3 플레이어의 2003년 시장 규모를 90만 대로 예측하였다. 하지만 뚜껑을 열어 본 결과, 실제로 2003년에 판매된 MP3 플레이어는 250만 대 이상이었다. 이것은 1년 후의 시장을 예측한 것이었는데, 그런데도 시장 조사 보고서의 예측이 200% 이상 잘못된 것이다. 이처럼 시장이 창조되는 경우 시장 예측은 상당히 곤란하며, 투자 평가 기준으로서도 큰 의의가 없다.

획기적인 이노베이션 사업을 만들어 내려면 '사회나 고객의 문제 해결에 얼마나 공헌할 것인가?', '그 문제를 해결하면 어느 정도의 사회적 반향을 일으킬 수 있을까?' 등 사회와 고객에 대한 잠재적 가치 제공의 크기에 착안해야 한다. 동시에 사업 아이디어를 살펴보고 단순히 선택하는 것에서 그치면 안 된다. 제5장 이후에서 소개한 사회 문제 간의 결합을 포함한 새로운 사회 문제에서 착상하거나 사업 모델을 구상함에 있어 경계를 초월해야 한다. 또 질서 형성을 포함한 시장 창조의 도전 같은 관점에서 관리자 자신이 아이디어를 '완벽하게 가다듬는' 프로세스를 의식적으로 만들어 가야 한다.

이와 같은 톱다운 방식으로 투자 매니지먼트를 변혁함으로써 조직 내에서 새로운 관점에 대처하고, 사내 대화를 통해 암묵지를 형식지화하는 것이 중요하다.

GE 글로벌 리서치 센터의 투자 매니지먼트 구조

GE 연구 개발의 핵심인 GRC(Global Research Center)는 원래 전 경영자인 잭 웰치의 시대에는 종적 관계 구조였다. 즉, 각 사업 부문이 연구 예산을 출자해 연구 개발 투자를 관리한 것이다. 그러나 이 구조는 제프 이멀트의 시대 이후에는 전체 예산의 30%를 회사가 쥐고, 각 사업 부문의 방침에 의지하지 않는 혁신적인 테마나 사업 부문 간을 횡으로 연결하는 테마에 의도적으로 일정 예산을 분배하도록 변경되었다.

또한 투자 평가 과정에서 탈락하기 쉬운 이노베이션 테마가 제대로 살아남도록 '3년 내 최저 매출 1억 달러의 성장을 기대할 수 있다'는 조건을 만족시키는 안건은 이멀트 회장이 직접 월 단위로 사업 진행 상황을 모니터링하기로 했다. 그리고 이른바 '조직 내 외압(기존 사업 눈높이에서 요구하는 신사업에 대한 단기적인 수익 압박 등)'을 회피할 수 있는 시스템도 도입하고 있다.

실패에서 학습을 장려하는 조직 문화를 양성하는 P&G의 이노베이션 경영

P&G에서는 2000년 이후 전 직원이 참여하는 이노베이션 경영을 전폭적으로 추진했다. 그 결과, 15~20%에 달하던 성공률이 50~60%로 상승했다. 여기서 특별히 언급할 것은 P&G는 이처럼 이노베이션의 성공률을 계속 높이는 것을 지양한다는 점이다. 즉, 성공률을 50~60% 범위 내에서 관리하는 것을 이노베이션 경영의 기본 방침으로 규정하고 있는 것이다. 성공률이 50~60%보다 높다는 것은 '현장에서 안전책을 취하고 있다'는 신호로 간주되기 때문이다. 즉, 높은 성공률을 목표로 하다 보니 이노베이션이 축소되는 것을 피하려는 것이다. 그래서 일정 정도의 실패를 의도적으로 장려하고 있는 것이다.

실패를 단순한 실패로 끝내지 않고 '조직의 학습'을 중시하는 점도 특징적이다. 이노베이션 프로젝트가 제대로 추진되지 않았던 원인에 대한 분석 보고서는 데이터베이스화되어 있다. 또한 한 번의 실패가 커리어에 상처를 주는 것이 아니라, 실패를 학습해 역으로 보다 커다란 도전 기회를 제공하는 조직 문화를 의도적·지속적으로 양성하고 있다. 예를 들어 여성 용품 부문에서는 사내 포상 제도를 마련하고 '실패에서 배움으로써 향후 프로젝트나 팀이 보다 더 빠르게, 보다 더 잘할 수 있도록 공헌해 준 팀이나 개인'을 매년 표창한다.

일본 대기업 상사가 정하는 투자 평가 기준

미츠이 물산은 차세대 사업 창조와 관련한 경영 방침·활동에 관해 경영층에 제언하거나, 영업 본부와 지역 본부의 사업 활동에 대한 지원을 하기 위해 2012년 '이노베이션 추진 위원회'를 설치하고, 연간 200억 엔의 투자·대출 금액을 의도적으로 할당하고 있다.

여기서 눈에 띄는 유익한 점은 투자 평가 기준이다. 미츠이 물산은 투자 평가 기준의 하나로 '예측이 곤란한 불확실 요인이 존재한다'라는 내용에 따라 관련 항목을 다음과 같이 마련하고 있다.

① 수익의 핵심이 되는 사업성이 있는 것
② 특정 시장에서 중요한 니즈가 있는 것
③ 예측 곤란한 불확실 요인이 존재하는 것

신사업에 대한 투자 여부를 판단하는 회의 자리에서는 자칫하면 업

사이드(업적의 상승 요소)보다 다운사이드(업적의 후퇴 요소) 편이 의견을 내기 쉽다. 특히 다운사이드의 위험이 논의되기 쉽다. 그래서 투자 매니지먼트 발상에서는 기존 사업의 다운사이드 위험에 대한 논의를 배제한다. 그리고 이노베이션 아이디어에 대한 개선과 보완에 집중한다. 이노베이션 투자에 대한 조직적 학습을 경영자 측에 강하게 촉구하는 기준으로 위의 3가지 기준이 효과를 발휘할 것으로 기대된다.

이노베이션 추진 조직 체제 혁신 :
사내 특구의 필요성

많은 일본 기업을 위한 솔루션이 될 수 있는 두 번째 포인트는 이노베이션 추진 조직 체제를 혁신하는 것이다. 즉, 실제로 회사가 목표로 하는 이노베이션을 구현하는 사례를 바텀업 방식으로 만들어 나가는 것이다. 그러니까 이는 조직 내에서 알기 쉽게 공통 언어화하고 조직 전체로 전파시켜 나감으로써 체제화를 도모하는 접근법이다. 이를 실현하려면 자원 투입량 측면에서 새로운 것을 장기적 눈높이로 만들어 가기 위해 조직된 '사내 특구'가 필요하다.

이노베이션 추진 조직에 포함시켜야 할 기능이나 적절한 인재 배치를 검토하기 위해 복수의 관점에서 이 추진 조직을 '어디 소속으로 둘 것인가?'를 분석하는 것도 무엇보다 중요하다.

프로듀서형을 지향해야 하는 이노베이션 추진 조직

추진 조직을 어디 소속으로 둘 것인지 고민할 때 전제가 되는 사고로 '조직 오너십'과 '자원'이라는 2가지 축으로 정리한 매트릭스를 활용할 수 있다(도표 8-1).

가로축의 '조직 오너십'은 신사업 창조라는 미션에 관한 주도권을 사업 부문과 회사 중 어느 쪽이 발휘하게 할 것인가라는 관점이다. 한편 세로축의 '자원'은 신사업 창조를 추진하는 자원을 전용할 것인가, 기존 사업에 투입하고 있는 자원과 공유할 것인가라는 관점이다.

〈도표 8-1〉 이노베이션 추진을 위한 조직의 접근법

자원	분산(사업 부문 주도)	중앙 집권(본사 주도)
전용	**인프라 제공형** • 현장 주도로 창출된 프로젝트에 대해서 본사가 자원을 제공 • 현장 주도로 실행 추진	**프로듀서형** • 이노베이션 활동을 추진힐 전남 팀을 본사에 설치 • 팀이 스스로 예산을 가지고 테마를 설정, 자원 확보, 인큐베이션 실시
공유	**현장 주도형** • 회사의 공식적 접근 부재 • 각 부문에서 내부 또는 외부와의 자발적인 네트워크를 통해서 아이디어 창출이나 자원 투입 실행	**콘셉트 제공형** • 이노베이션 테마 발굴과 사내 활동 촉진을 추진할 전담 팀 설치 • 팀이 실시 주체가 되는 사업 부문으로의 계몽·서포트 실시(실행 자원 제공은 사업 부문)

조직 오너십

출처: 로버트 C. 울컷 외, 〈사내 기업 성장 전략〉, 《일본 경제 신문 출판사》를 바탕으로 딜로이트 작성

기업이 추진하는 신사업 창조의 틀을 이 2×2 매트릭스에 비추어 보면 다음과 같은 4가지 유형으로 나누어진다.

① 현장 주도형

이 유형은 '사업 부문이 기존 사업의 성장에 더해 신사업 창조라는 목표도 가지는 것'이다. 자원 역시 기존 사업에 투입되는 자원의 일부를 활용해 신사업 창조를 추진한다. 기존 사업 부문이 강력하게 성장을 지향하거나 이노베이션 지향적이며, 자원이 풍부할 때 효과적이다. 한편으로 회사 전체의 최적화를 도모하는 기능은 없기 때문에 사업 부문 간 갈등이 발생할 위험이 있다. 또한 기존 사업이 최우선하는 사업 부문에서 신사업 창조를 위한 자원 투입을 억제하는 국면을 기업 전체에서 제어하는 기능이 없기 때문에 자연 발생에 맡기는 수밖에 없다.

② 인프라 제공형

이 유형은 '사업 부문 주도로 창출된 사업 기회에 대해서 일정한 기준과 프로세스를 기반으로 신사업 창조 부문이 전용할 수 있는 자원이 투입되는 것'이다. 이 유형 중 구글이 실시 중인 방식이 유명하다. 이 유형에서는 유망한 신사업 기회에 대한 직원의 제안에 대해 톱다운 방식으로 자원을 조정하고, 프로젝트 팀을 조성한다. 아울러 신사업 창조의 핵심으로서 사내 벤처 제도를 운영하거나, 사내 아이디어 콘테스트 등을 통하여 참신한 아이디어를 발굴·채택하기도 한다. 다만, 이 유형은 시장 주도형과 마찬가지로 현장에서 성장·이노베이션 지향적인 경우에만 효과적이다. 이런 성향이 부족하다면 대부분은 작은 아이디어를 거론하는 데에서 끝나는 경우가 많다. 결과적으로 사내 벤처 제도 같은 시스템이 유명무실해지는 경우가 종종 발생한다.

③ 콘셉트 제공형

이 유형은 '본사 측에서 전임 조직을 조성하는, 특히 사업 부문이 주도하면 나오기 어려운 사업의 횡적 테마나 기존 도메인에서 벗어난 테마, 장기 투자가 필요한 주제 등을 찾아내는 것'이다. 즉, 기존 사업 부문의 자원을 활용해 사업 창조를 도모하는 것이다. 듀폰에서는 이와 같은 조직 체제에서 장기적인 눈높이로 이노베이션에 대해 끊임없이 고민하고 있다.

한편 실시 주체가 사업 부문이기 때문에 이노베이션에 대한 의식이 조직 내에서 양성되지 않은 경우, 실제로 실행까지 이르는 안건은 사업 부문 측이 자원 투입에 가치가 있다고 판단할 수 있는 테마에 한정되면서 혁신적인 테마가 선정되기는 쉽지 않다. 결과적으로 본사 측의 아이디어는 풍부하지만 실행 주체인 사업 부문이 받아들이지 않아, 자연스럽게 계속적인 신사업 창조로 진행되지 못하는 경우도 많다.

④ 프로듀서형

이 유형은 '본사에서 전임 조직을 조성하고, 해당 조직이 아이디어 창출부터 인큐베이션까지 일관된 기능을 가지고서 신사업 창조를 주도하는 패턴'이다. 시스코 시스템즈에서처럼 사업 개발 부문을 본사에서 조직하고, 차세대 성장을 담당할 외부 벤처 기업 등에 대한 M&A 실행까지 전임 조직에서 일관되게 실행하는 경우도 여기에 해당한다. 다만, 안일하게 M&A를 하면서 이노베이션에 의지한 결과 언제부터인가 그 전임 조직이 '기존 사업 성장을 위한 M&A 전담 부대화'되어 버리는 경우가 많은 것도 사실이다.

신사업 창조가 잘 진행되지 않는 일본 기업 중에는 현장 주도형 혹은 콘셉트 제공형에 해당하는 조직 체제를 채택하고 있는 기업이 많다. 특히 콘셉트 제공형에서 아이디어는 본사 측이 풍부하지만, 사업화하는 기능이 명확하게 '본사에 없는' 경우가 있다. 그래서 오늘의 먹거리와 관련된 과제를 해결하는 데 매진하고 있는 기존 사업 부문과의 사이에서도 심리적인 벽이 생겨서 보석 같은 아이디어를 썩히는 경우도 자주 본다.

오늘날 많은 일본 기업이 지향해야 할 이노베이션 추진 조직의 체제는 프로듀서형이라고 생각한다. 특히 제2장에서 소개한 7셀 매트릭스 중에서 2×2의 바깥 영역에 해당하는 차세대 사업의 핵심이 될 수 있는 대규모 신사업 창조를 지향하는 경우, 당해 연도 예산 반영을 최대 목표로 생각하는 기존 사업 부문 측에 기대하는 것은 곤란하다. 본사 주도로 비즈니스 모델이 구현될 때까지 담당하기 위한 인큐베이션 기능을 마련하고 안건의 성질에 따라 본사 측에서 완전히 주도할 것인지, 아니면 기존 사업 부문과 공동으로 실행할 것인지를 본사 주도로 조정하면서 모든 직원이 참여하는 이노베이션을 추진해야 한다.

또한 'CSV 시대에 조직 내에서의 이노베이션 추진 조직을 어디 소속으로 둘 것인가?'를 생각할 때 잊어서는 안 될 것은 CSR 기능의 자리매김이다. CSV를 통한 이노베이션을 하려면 대의명분을 걸고, 그 아래에서 NGO나 정부 기관 같은 외부 참여자와의 연계도 돈독히 해야만 한다. 이때 이노베이션 추진 조직에서 종래 CSR 부문이 담당하고 있던 CSR 목표 설정·실행을 위해 '외부 참여자와의 CSR'이라는 관점에서 커뮤니케이션의 일부 기능을 포함시켜야 한다.

구체적으로 이노베이션을 추진하는 조직에 요구되는 것은 다음 과 같은 3가지 기능이다.

① 중장기 전략으로서 신사업이 명확하게 자리매김하도록 하면서 지속적으로 자원을 배분하는 전략 기능
② 대처해야 할 사회 문제에 관한 첨단 정보를 수집하여 사업 기회를 계속적으로 탐색하는 마케팅 기능

③ 기업의 CSR 기능 중, 신사업 창조의 선수先手로 활동을 추진하
는 동시에 NGO, 정부 기관 같은 다양한 참여자와 개방형 협
력을 진행하는 창구와 홍보 기능

이러한 3가지 기능이 삼위일체가 되어 기능하는 CSV를 통한 이노
베이션 추진 조직을 지향하는 것이 바람직하다. 또한 이 조직은 당연
히 기존 사업의 경영 기획 및 경영 전략 부문, 연구 개발 부문, 마케
팅 부문, CSR 부문과 밀접하게 연계하는 형태로 자리매김해야 한다
는 사실에 유의하기 바란다. 예를 들어 CSR에 대해서는 신사업 창조
와는 다른 관점에서 사회 공헌을 추진하는, 이른바 종래의 CSR 기능
이 필수적이다. 이러한 부분까지 사내 특구 기능에 담는 것은 상책이
아니다.

기존 사업의 연장이 아닌
신사업 창조에 필수적인 사내 특구

딜로이트 US의 이노베이션 리더인 마이클 E. 레이너는 하버드 비
즈니스 스쿨(HBS)의 클레이튼 크리스텐슨 교수와 공동으로 《이노베
이션의 딜레마》의 속편 격인 《이노베이션의 해법》을 저술했다. 그는
여기서 기업이 자사의 기존 사업까지 타파할 수 있는 파괴적인 이노

베이션을 스스로 만들어 나가려면 기존 사업과 거리를 둔 문화와 규칙, 프로세스를 가진 조직을 갖춰야 한다고 설득하고 있다.

이노베이션은 종래의 틀과 발상을 타파하는 것이다. 즉, '이미 존재하는 틀 안에서 최적화해 하루하루 움직이는 기존의 사업 구조나 문화에서 이노베이션이 나오기는 힘들다'는 사실을 떠올리기는 어렵지 않다. 기존 사업의 연장이 아닌 신사업을 창출하려면 기존 사업 부문과의 연계를 유지하면서도 기존의 틀·가치관과는 일정한 거리를 두어야 한다.

구체적으로 사내 특구가 되는 이노베이션 추진 조직이 성립하려면 다음과 같은 4가지가 필요하다.

① 자치권이 있는 독립 조직

② 외부의 '다른 배경을 가진 인재'의 다양성

③ 기존 조직과 다른 경영 관리 모델과 가치관의 양성

④ 기존 조직과의 가교 기능(거리를 너무 두지 않기 위하여)

이와 같은 안건을 구비한 사내 특구 팀을 주축으로 성공 사례를 축적해 나가는 것이다. 그리고 이 과정에서 타 부문과의 대화와 연계를 적극적으로 수행해야 한다. 이를 통해 사내에 새로운 가치관을 바텀업 방식으로 전파시켜 나가야 한다.

한편으로 신사업 부문을 설치하고, 이 부문에서 전적으로 신사업 창조에 대처하고 있는 일본 기업도 존재한다. 이 기업들에서는 신사업 부문의 경영 관리 기법, 업무 프로세스, 인재 관리 및 인사 평가, 외부와의 원활한 연계와 같은 다양한 측면이 기존 사업과 유사하여 '특구'가 될 수 없는 경우가 상당히 많다. 풍부한 자원을 보유하고 있는 기존 사업 부문과 완전히 단절된 조직이나 별도 법인을 만드는 것은 역효과를 낸다. 실적을 내기 위해 매일 필사적인 경영 기획 부문과 책상을 나란히 두고 있는 장소에 신규 사업 부문이 자리한 경우에는 특구화가 어려울 수도 있다. 적어도 기존 사업부가 기능하는 도쿄의 고층 빌딩 상층부에서 이노베이션 활동이 완결되는 경우는 없기 때문이다.

CSV 선진 기업은 사내 특구를 설치하는 사고방식이나 방법에 대해 보다 심도 있게 대응하는 듯하다. 다음은 글로벌 선진 기업의 사내 특구 설치의 3가지 경향이다.

사내 특구 배치 경향1 : 자사 NGO 설립과 특구로의 응용

지금까지도 언급하여 왔지만, 특히 CSV를 통한 이노베이션을 강력하게 추진할 때 조직에서 유효하게 작용할 틀인 'NGO 성격을 띤 조직(재단 등)'의 설립과 활용이 거론되고 있다. 그래서 자사가 가지고 있던 NGO 조직을 리뉴얼하고 이노베이션 추진 조직 기능을 부가하는 움직임도 있다. 이로써 기존에는 재단에서 기부 형태로 제공하고 있던 예산의 일부를 재단에서 해결하려는 사회 문제 이노베이션에 대한 투자로 돌림으로써, 신사업 투자에 냉소적인 주주·투자자와 분명하게 선을 긋고 이노베이션에 대한 투자를 진행하는 것도 가능해진 것이다. 또한 외부의 NGO는 사회 공헌 및 사회 문제 해결을 책무로 하니, 자사 NGO를 통해 외부 NGO나 정부 기관 등과의 연계를 용이하게 할 수 있는 것도 장점이다.

예를 들어 미국의 대형 통신사인 버라이즌은 기존에 사원의 봉사 활동 접수창구 역할을 하던 버라이즌 재단의 역할을 2012년에 일부 쇄신하여, 사회 문제 해결을 위한 인큐베이터로서의 활동을 개시하였다(도표 8-2).

재단 전체의 활동 예산은 2012년 이전과 크게 다르지 않지만 배분 방법은 크게 바뀌었다. 교육, 에너지, 건강 관리 같은 미래 시장이 크게 확대될 가능성이 높지만 현 시점에서는 ROI 확인이 어려운 영역을 대상으로, 장기적인 관점에서 사업화와 인큐베이션을 지향하고 추진하는 사내 특구로 자사 재단을 활용하고 있는 것이다.

구글이 세운 자사의 NGO적 조직 '솔브 포 엑스Solve for X'는 전 세계가 안고 있는 어려운 문제들을 공유하고, 혁신적인 방법으로 해결책을 논의하는 개방형 플랫폼이다. 구글은 이 조직을 통해서 세계의 사회 문제와 그 해결책의 최첨단 동향을 포착한다. 구글에서 사업화를

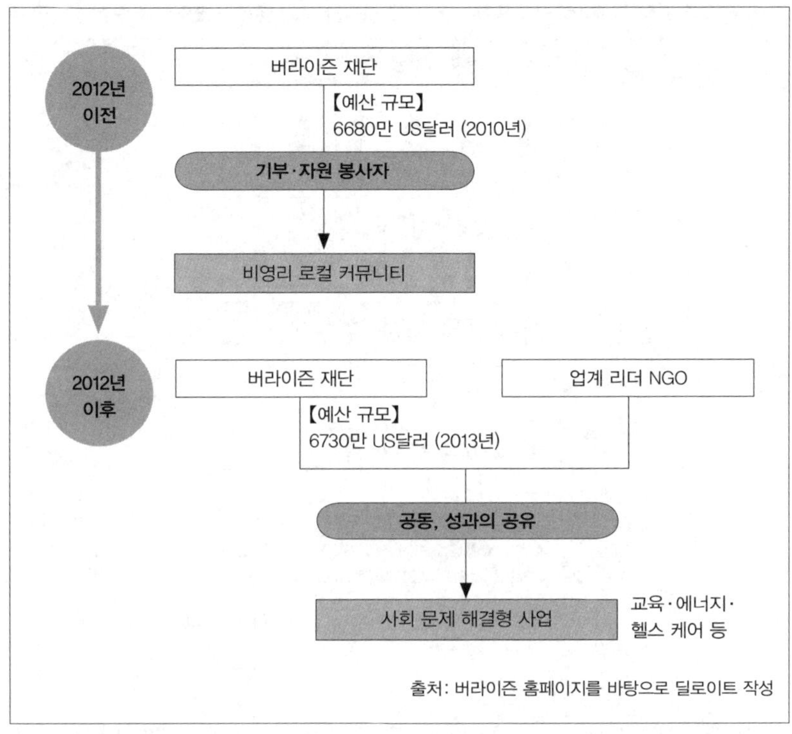

검토하는 몇 가지 주제에 대해서는 내부 조직인 '구글 엑스 랩Google X Lab'에서 신사업 창조를 진행하고 있다(도표 8-3).

실제로 일본 국내에서도 화제가 된 무인 자동차는 전 세계에서 교통사고 방지 및 정체 해소를 대의명분으로 내세워 추진하고 있는 사업이다. 그 외에도 제3장에서 소개한, 인터넷 접속이 아직 곤란한 지역의 상공에 기지국 기능을 탑재한 기구를 띄워 저렴한 통신 인프라를 전 세계에 구축하는 '기구 네트 인프라(프로젝트 룬)'도 있다. 거액의 우주 비행 비용을 극적으로 줄여 인류의 생활 공간을 확대할 수 있는

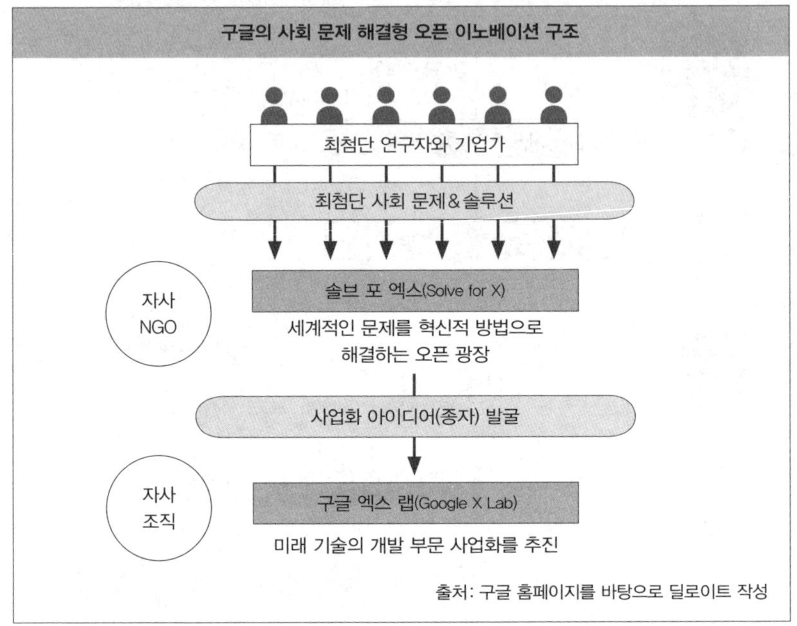

우주 엘리베이터 등도 구글 엑스 랩에서 연구 개발되고 있다고 일부
에서 보도되고 있다.

사내 특구 배치 경향2 : 사회 문제 선진 지역에 글로벌 시장 대상 거점 설치

　두 번째 경향은 위치 선정에 관한 것이다. 사회 문제 해결에 거대한
이노베이션의 종자가 잠들어 있다는 근거를 바탕으로 세계적인 사회

문제의 중심지, 이른바 '문제 선진 지역'에 이노베이션 추진 조직의 거점을 구축하는 것이 효과적이다.

GE 헬스 케어는 2013년 도쿄의 히노 시를 세계 시장을 향한 최첨단 기종의 핵심 거점으로 선정한다고 발표하였다. 가격이 높은, 즉 시장 성숙의 기미가 보이는 도쿄를 핵심 연구 개발 거점으로 삼은 이유 중 하나는, 그만큼 일본이 '고령화'라는 전 세계가 직면한 사회 문제가 가장 심각한 지역이기 때문이었다. 이 외에도 GE는 재생 가능 에너지의 거점으로 독일의 뮌헨을, 해저 자원 개발의 거점으로 브라질의 리우데자네이루를 선택했다. 이처럼 각 사회 문제의 메카에 해당하는 지역에 R&D 거점을 구축하고, 최첨단 문제·솔루션 개발에 관한 정보 수집·공유 활동을 외부 네트워크와의 오픈 이노베이션을 통해 한발 앞서 추진하고 있는 것이다.

일본 기업은 일반적으로 연구 개발 부문의 핵심이나 신규 사업 개발 부문을 국내에 둔다. 해외에 연구 개발 거점을 배치할 때도 중국이나 인도 같은 거대 시장에 대한 접근성 등을 고려한 경우가 많다. 하지만 전 세계적 사회 문제에 대한 선진 지역이라는 관점에서 거점 선정을 재검토하는 것만으로도, 항상 가장 심각한 사회 문제에 관한 정보를 입수하는 일이 가능하다. 동시에 그곳에서 활동하는 NGO 등과 사회 문제를 해결하는 연계처로서 유효한 외부 참여자와 선행적으로 네트워크를 구축함으로써 새로운 시장을 창출·선점할 수 있는 기회 확보가 용이해진다.

사내 특구 배치 경향 3 : 세계적인 이노베이션 센터 설치

세 번째 흐름 역시 두 번째와 마찬가지로 위치 선정과 관련이 있다. 실리콘 밸리가 대표하는 '세계적으로 이노베이션이 왕성하게 일어나는 지역'에 자사의 이노베이션 추진 조직을 설치하려는 경향이 이에 해당한다. 일본 기업들도 실리콘 밸리 진출 붐이 몇 번인가 도래하여 다양한 도전을 하고 있다. 하지만 현지 네트워킹이나 의사 결정 속도를 따라가지 못해 충분한 성과를 올리는 기업은 많지 않다.

현재 실리콘 밸리에 이어서 세계적으로 주목을 받고 있는 이노베이션 센터는 이스라엘이다(도표 8-4).

이스라엘은 세계적으로 유명한 '스타트업 국가(Startup Nation)'이다. 특히 '0'에서 '1'을 만들어 내는 혁신적인 첨단 기술은 IT는 물론 군사, 바이오, 물, 농업 등 전 세계적 사회 문제와 직결된 여러 분야에서 이미 거둔 실적으로 정평이 나 있다. 이스라엘은 인구 약 800만 명의 작은 나라이다. 하지만 GDP에서 차지하는 연구 개발 비율이나 국민 1인당 창업률, 박사 학위 보유자 수, 특허 건수가 세계 최고 수준이다. 미국의 나스닥에 상장한 건수도 미국 외 나라들 중 제일 많다. 이스라엘 정부도 연구 개발이나 스타트업에 대해 세제 우대 혜택이나 높은 수준의 자금 보조 등을 지원하고 있다. 즉, 이스라엘 정부는 다양한 형태로 국가 차원에서 이노베이션 촉진 정책을 제공하고 있는 것이다. 노트북 컴퓨터 보급에 절대적인 인텔의 저전력 마이크로 프로세서나

지멘스 메디컬
이스라엘은 당사 경쟁력을 높이는 기술 혁신의 보고다.
대표_에리히 라인하르트

존슨 앤드 존슨
우리는 이스라엘의 우수한 연구자들과 연구 내용이 엄청나게 매력적이라고 본다.
부사장_데이비드 M. 바우저

구글
이스라엘에는 우수한 소프트웨어 기술자들이 많이 있다. 이 지역에 연구 개발 센터를 설치하는 것은 당연하다.
유럽 및 중동, 아프리카 지역 책임자_데이비드 우드사이드

인텔
IT업계에 관한 문제에 대해서, 많은 솔루션을 이스라엘로부터 제공받고 있다.
부사장 겸 본부장_고든 그레이리시

마이크로 소프트
이스라엘에서 일어나고 있는 이노베이션은, 테크놀로지 비즈니스의 미래에 결정적으로 중요한 의미를 가지고 있다고 해도 과언이 아니다.
설립자 겸 CEO_빌 게이츠(현 기술 고문)

야후
이스라엘의 훌륭한 점은, 미국 밖에서 기업가 정신과 활기가 가장 가득 찬 곳이라는 사실이다.
기업 발달 부문 이사_사이먼 레빈

※직함은 발언 당시 기준

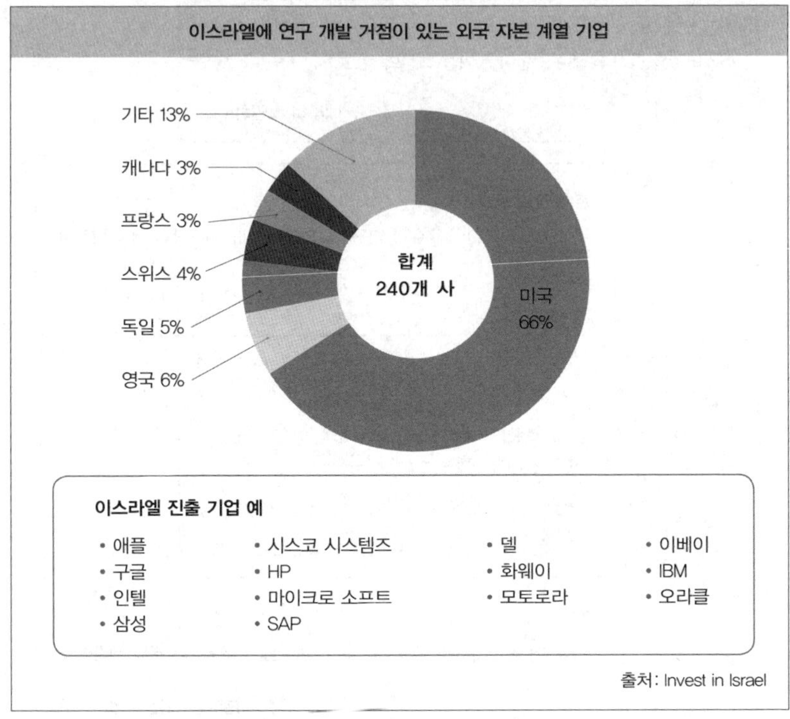

병원 인프라가 갖춰지지 않은 신흥국에서 고도의 문진을 가능하게 한 GE의 이동식 소형 초음파 진단 장치 등 세계적으로 획기적인 혁신 기술이 이스라엘의 공헌에 의해 탄생한 사실은 이미 전 세계에 잘 알려져 있다.

이미 P&G, 인텔, 구글, 애플, 삼성, J&J, GE, 지멘스 등 선진 글로벌 기업은 이스라엘에 설치한 이노베이션 센터를 축으로 글로벌 신사업 창조를 착착 준비하고 있다. 또한 최근에는 물 부족이나 식량 문제(농업)로 고생하는 중국이 이스라엘에 정부 차원에서 접근하여 이스라엘의 이노베이션 역량을 중국에 도입하려는 움직임도 보이고 있다.

이에 비해 일본 기업은 이스라엘에 대한 이해 부족으로 무거운 엉덩이가 좀처럼 떨어질 기색이 없다 보니 완전히 뒤처져 있다. 이스라엘과 대립 관계에 있는 아랍 제국과의 깊은 사업적 관계를 맺은 기업이 그들과의 관계 악화를 과도하게 걱정한 나머지 이스라엘과의 연계를 주저하는 예도 너무나 많다.

최근에 와서 겨우 일부 일본 기업의 움직임이 나타나기 시작하였다. 하지만 이스라엘이 보유하고 있는 폭넓은 잠재력을 살릴 여지는 아직 충분히 남아 있다. 아울러 일본이 중국의 이노베이션 역량에도 뒤처질 위험마저 존재한다.

진정한 CSV 경영으로의 진화를 향해

경영 철학 자체는 진화할 수 있을까

2008년에 런던 비즈니스 스쿨의 게리 하멜 교수가 이끄는 경영 연구소 주최로 세계적으로 권위 있는 경영 철학자와 글로벌 기업의 경영자 총 35명이 한자리에 모였다. 그리고 '오늘날 대기업 경영과 관련하여 향후 수십 년간 조직의 번영을 저해할 최대 요인은 무엇일까? 그것을 발판으로 경영 원칙, 프로세스, 관행에 있어서 어떠한 근본적 개혁이 필요할까?'에 대해 논의하였다.

이 논의의 근본에는 대부분의 대기업에서 볼 수 있는 경영 모델이 엄청나게 시대에 뒤처졌다는 인식이 있었다. 즉, 대기업이 더욱더 적응력을 가지고 혁신적일 정도로 매력적인 직장이 되도록 경영 철학을 근본부터 재정의해야 한다는 문제의식이 있다.

논의 결과로 정리된 경영 관리의 25가지 과제 가운데, 가장 첫 번째 과제는 다음과 같다.

과제 1. 경영진이 보다 더 차원 높은 목적을 완수한다

대다수의 기업은 주주 가치를 극대화하기 위해 노력하고 있다. 하지만 다양한 각도에서 볼 때, 이 목적이 적절하다고는 할 수 없다. '부의 최대화'라는 과제는 일하는 사람의 마음을 흔들어 움직일 만큼의 힘을 가지지 못하고, 열의를 충분히 이끌어 낼 수도 없다. '사회는 정말 훌륭한 존재일까?'라는 의문을 불식시키는 힘을 가지고 있지 않은 것이다. 더구나 구체성이나 설득력이 부족하기 때문에 재생을 위한 계기도 되지 못한다. 이와 같은 이유로 새로운 시대의 기업 경영은 전 세계적으로 중요하며, 고상하다고 인정받는 목표를 세우고, 그 달성을 위해 노력하지 않으면 안 된다.

출처 : 게리 하멜, 《지금 중요한 것은 무엇인가(*What matters now*)》[*]

이것은 마치 앞으로 기업을 경영할 때 경영 사상을 CSV적 관점에서 재검토하도록 제안하는 것으로, 기업 경영에 있어서 향후 CSV가 필수화되어 가는 것을 시사한 것으로도 인식된다.

---

[*] 원서는 일본 다이아몬드 출판사의 판본을 인용했다.

CSV 경영의 여정

진정한 CSV 경영을 구현하는 기업을 이루는 여정은 험난하다.

GE의 CEO 제프 이멀트가 에코매니지네이션을 제시하고 나서, 기존 사업과 얽히는 환경 문제 해결형 제품을 사업 전략의 핵심으로 인식하기까지 일정한 시간이 필요했다. 그렇지만 GE가 이를 경영의 핵심으로 인식하게 된 데에는, 톱다운 방식에서 보여 준 압도적 지도력과 GE가 보유하고 있는 사내 공통의 가치관이 그 배경에 있었기 때문에 주목받았다.

한편으로 일본 기업에서는 톱다운 방식의 변혁이 반드시 성공하지 못하는 경우가 많다(특히 오너가 경영하는 기업이 아닌 한). 일본 기업의 많은 경영자는 스스로 대의명분을 제시하고 이를 실현하기 위해 새로운 '경영 사상'을 제기하지만, 실무 현장에서 납득하지 못해 행동까지 변하지 못하는 경우가 많다. 결과적으로 기존 사업을 지금까지 해 오던 방식으로 추진하는 현장의 벡터를 바꿔 사업 구조 변혁까지는 이끌어 내지 못하는 것이다.

더욱이 새로운 경영 사상을 향한 변혁에 이르는 과정에서 임기가 끝나 경영 사상 자체가 몇 년마다 변화하는 패턴도 때때로 나타나고 있다. 이 같은 기업에서는 사원들이 몇 년마다 반복되는 그와 같은 경영 사상의 흔들림을 처음부터 예측하여, 톱다운 방식의 변혁 활동에 진심으로 발을 들여놓지 않는 경우마저 여기저기서 보인다.

이 책에서 기술한 CSV를 통한 이노베이션은 일본 기업이 CSV 경영에 대한 진화를 이루어 가는 계기의 하나다. 움직이기 힘든 기존 사업과는 별도로 기동성 있게 행동하여 차세대를 책임질 신사업을 CSV를 기준으로 창조해 가는 활동을 제안하고 있는 것이다. 사내 특구에서 신사업 창조를 통해 성공 사례를 축적함으로써, 아직 암묵지가 대부분을 차지하는 CSV에 대한 대처 의의를 조직 속에서 형식지화하고, 구체적으로 이해하기 쉬운 본연 그대로의 성질을 조직 내에 형성해 가는 것이다.

한편으로 CSV 경영에 대한 진화를 가속화하려면 신사업 창조 대처에 추가하여, 기존 사업 운영으로 최적화되어 버린 조직 구조를 돌파하려는 경영 변혁을 집중적으로 추진할 필요가 있다는 것은 말할 필요도 없다.

예를 들어 기업에서는 외부에 대한 정보 공개와 보고서의 모습을 바꿀 '통합 보고'에 대한 대응이 시작되고 있다. 여기서 중요하게 생각해야 할 점은 '통합 보고가 IR 자료나 CSR 리포트 등을 알기 쉽게 통합한 것'이라는 인식이다. 하지만 이를 회계와 IR 파트의 폐쇄된 활동이 아니라, CSV 경영에 대한 진화를 주시하는 활동의 하나로 인식하여야 한다. 통합 보고를 통해 자사의 대의명분을 외부에 명확하게 전달하는 것이다. 기존의 이해관계자와 더불어 NGO나 정부 기관 등의 CSV를 통한 이노베이션에 있어서 유효한 잠재적인 파트너까지 동참하게 만드는 것도 목표로 한다. 통합 보고를 외부의 다양한 이해

관계자와의 중요한 커뮤니케이션 툴로 인식하여 추진해 나가는 것도 필요하다. 또한 자사 내에서 사회적 가치 창출 활동을 추진하고 외부에 전달해 나가면서 자사 내의 경영 관리 지표 체계의 재검토·설정도 필요하다. 이와 같은 활동을 병행함으로써 CSV 경영을 부분적으로도 조직 속에 체화시켜 암묵지의 형식지화를 한발 앞서 도모해 가는 것이 효과적이다.

또한 규제 강화 같은 '외압'이 향후에도 한층 예측되는 가치 사슬 개혁에 대한 대응도 시기적으로 효과적이다. CSR 조달의 엄격함이 증가하는 한편, 앞서 언급한 것처럼 월마트를 축으로 형성된 '지속 가능 컨소시엄TSC'의 동향도 본격화되고 있어서다. 환경 오염, 자원 고갈, 특히 수자원 부족이 기업 가치 사슬에 있어 거점 선정과 운영의 사고방식에 커다란 영향을 주는 것은 틀림이 없다. 한편, 현시점에서 많은 일본 기업이 이러한 대응에서 대체로 뒤로 밀려나고 있다. 외부 또는 경쟁사에서 규칙이 부과되는 것을 기다리는 것이 아니라, 동향을 예측하고 그것을 뛰어넘는 수준에서 가치 사슬의 개혁을 도모해 가는 것이 경쟁에서도 효과적이다. 이와 같이 이른바 '사회적으로 지속 가능한 가치 사슬(Sustainable Supply Chain)'에 대한 대응야말로, 기존 사업 속에 CSV를 체화시켜 가는 중요한 드라이버임을 인식해야 한다.

구성원의 '열광'을 끌어내는 새로운 조직 구심력을
가져다주는 진정한 CSV 경영으로

진정한 CSV 경영이란 무엇인가?

진정한 CSV 경영이란 '자사가 성장할수록, 시장 점유율을 넓힐수록 세상이 보다 좋아지게 되는' 사업 구조를 지속적으로 추구하는 경영이다.

하지만 이러한 CSV 경영에 대한 이해를 사내에서 공유하는 것은 간단하지 않다. 이 책에서는 가급적 CSV의 전략적 측면에 대해서 언급하려 했다. 하지만 그렇더라도 사회적 가치가 자사의 경제적 이익으로 직접 이어지는지 확실하게 알 수 없는 것을 추구할 때는 조직 내에서의 합의도 얻기 어렵다. 더구나 CSV는 중장기에 걸친 대응을 요구하기 때문에 성과도 당장은 실감하기 어렵다.

그러면 왜 지금 일본 기업들은 CSV 경영에 대한 진화에 대응하여야 할까?

그 답은 실제로 CSV에 대한 대응을 이끌어 내는 구성원들의 '열광'과 그에 따른 새로운 조직에 대한 구심력에 있다고 생각한다.

애초 일반적인 신사업 창조 활동과 비교해서, 저자가 CSV를 통해서 신사업 창조에 대응하고 있는 현장에서 가장 많이 느끼는 것은 '구성원들이 이에 얼마나 열광하는가의 차이'이다. 기업에 소속되어 있으면서 창업을 목표로 하는, 이른바 '사내 기업가(Intrapreneur)'를 제외하고, 신사업 창조 담당자들 중 대부분은 안타깝게도 스스로 사업 창조에 대한 의지를 강하게 가진 '이노베이터innovator'가 아니다. 하지만 이와 같은 담당자라도 자신의 대응이 사회와 세상이 더 나아지게 할 가능성이 있다는 설레임을 갖게 되면, 신사업 창조에 열광하기 마련이다. 그런 힘이 CSV에는 있다.

제2장에서 기술했듯이 슬프게도 일본의 다음 시대를 담당할 세대는 자신 및 자사의 이노베이션 역량을 매우 비관적으로 본다. 밀레니엄 세대는 기업의 성장이 바로 일본의 윤택함으로 이어져, 세계인에게 '세계 제일 일본(Japan as Number One)'이라고 불렸던 '강한 일본'을 경험하지 못했다. 모든 것이 풍족한 시대에 성장하였기 때문에 물건에 대한 욕구나 금전에 대한 욕구는 소극적인 한편, 대체로 사회 공헌 욕구가 강하다. 또한 정보 네트워크를 바르게 이용할 수 있는 능력(Internet literacy)이 높고, 소셜 파워에 대한 체감도도 높다. 이 밀레니엄 세대의 잠재력을 끌어내고, 밀레니엄 세대가 느끼는 조직의 폐색감을 타파하여, 새로운 조직에 대한 구심력을 만들어 가는 데 이 책에서 해설하고 있는 CSV를 통한 이노베이션은 강력한 돌파구가 될 것이다.

CSV를 통한 이노베이션은 이와 같이 구성원의 열광과 구심력을 활용하여, 현재 많은 일본 기업이 빠져 있는 듯한 이노베이션의 딜레마를 뛰어 넘어 글로벌 시장에서 새로운 성공 공식을 만들어 내는 대응 방안이다. 즉, 일본 기업의 3가지 장점이 될 수 있는 높은 사회성, 첨단 사회 문제에 직면해 있는 기회, 고도의 기술력을 구사하여 CSV를 통한 이노베이션에 도전해야 한다. 조기에 CSV 경영을 향한 '조직지組織知'를 형성하는 것은 경쟁 축이 끊임없이 바뀌고 있는 글로벌 시장에서 차세대의 강력한 경쟁 우위를 갖게 해준다.

앞으로 일본 기업이 '진정한 CSV 경영'에 적극적으로 도전하기를 기대한다.

딜로이트 토마츠 컨설팅 주식회사

집행임원 파트너 후지이 다케시

감사의 말

　이 책은 저자가 과거에 실시한 세미나의 내용을 책으로 만든다는 콘셉트에서 출발하였지만 집필 과정에서 받은 다양한 분들의 지원과 자극, 격려가 없었다면 한 권의 책으로 쓰는 것은 불가능하였을 것이다.

　우선 저자가 소속된 팀의 리더로서 이 책의 집필을 흔쾌히 후원해 주신 오기쿠라 와타루 파트너, 이 책의 원형이 되는 세미나에서 콘셉트를 만들 때 다양한 관점과 아이디어를 제공해 주신 고쿠분 토시후미 파트너께 감사드리고 싶다.

　또한 이 책의 집필 과정에서 이노베이션 연구·발신에 도움을 주신 글로벌 매니지먼트 인스티튜트의 리더인 히오키 케이스케 파트너,

책 집필의 선배이기도 한 마츠에 히데오 파트너는 여러 가지 상담에 응해 주시는 등 많은 도움을 주셨다.

사단법인 일본 이노베이션 네트워크의 전무이사인 니시구찌 나오히로 씨에게서는 조직의 이노베이션 에코 시스템 개혁 관점에서 많은 자극을 받았으며, 지금도 다양한 조언을 계속 받고 있다.

저자가 소속되어 있는 NPO 법인인 '소셜 벤처 파트너스Social Venture Partners'를 통해서 친분을 쌓게 된 NPO 법인인 크로스 필즈의 대표인 코누마 다이찌 씨와 이 책의 콘셉트에 대해 공감할 수 있었던 것이 이 책을 내는 저자에게 큰 의지가 되었다.

그 외에도 여기서는 표현할 수 없지만 지금까지 이노베이션·신사업 창조를 향해 함께해 준 기업 고객 여러분들과의 협력이 책의 초석이 되었다.

이 책의 구체적인 아이디어나 교정 작업과 관련해서 같은 팀의 컨설턴트 한유다 케이스케 씨를 비롯한 모든 팀 동료들에게 감사드린다. 특히 리서치와 지식 경영 분야의 오노 미와 씨에게서 마지막까지 조사·집필·교정을 지원받았다. 기획부터 함께해 준 마케팅&커뮤니케이션 부서 여러분들께도 많은 도움을 받았다.

끝으로 저자가 집필 활동이 익숙하지 않지만 마지막까지 적절한 조언과 출판까지 지도해 준 주식회사 퍼스트 프레스First Press의 대표인 이사사장 우에사카 신이치 씨에게도 감사를 드리고 싶다.

참고문헌

서적/잡지

- 小川紘一(2009)〈製品アーキテクチャのダイナミズムと日本型イノベーションシステム〉
  《赤門マネジメント·レビュー》8巻2号　グローバルビジネスリサーチセンター
- 紺野 登 他(2013)《利益や売上げばかり考える人は、なぜ失敗してしまうのか》ダイヤ
  モンド社
- 妹尾堅一郎(2009)《技術力で勝る日本が、なぜ事業で負けるのか_画期的な新製品が
  惨敗する理由》ダイヤモンド社
- 西谷武夫(2011)《パブリック·アフェアーズ戦略》東洋経済新報社
- 橋本淳司(2010)《67億人の水〈争奪〉から〈持続可能〉へ》日本経済新聞出版社
- 藤井敏彦(2005)《ヨーロッパのCSRと日本のCSR》日科技連
- 藤井敏彦(2012)《競争戦略としてのグローバルルール_世界市場で勝つ企業の秘訣》
  東洋経済新報社
- 野中郁次郎(1990)《知識創造の経営_日本企業のエピステモロジー》日本経済新聞社
- 野中郁次郎、竹内弘高(1996)《知識創造企業》東洋経済新報社
- エリック·リース(2012)《リーン·スタートアップ》日経BP社
- カーティス·R·カールソン 他(2012)《イノベーション5つの原則》ダイヤモンド社

- クレイトン・クリステンセン(2001)《イノベーションのジレンマ－技術革新が巨大企業を滅ぼすとき》翔泳社
- クレイトン・クリステンセン、マイケル・レイナー(2003)《イノベーションの解_利益ある成長に向けて》翔泳社
- ゲイリー・ハメル(2013)《経営は何をすべきか》ダイヤモンド社
- スチュアート・L・ハート(2012)《未来をつくる資本主義_世界の難問をビジネスは解決できるか》英治出版
- デビッド・マギー(2009)《ジェフ・イメルトGEの変わりつづける経営》英治出版
- パラグ・カンナ(2001)《ネクスト・ルネサンス21世紀世界の動かし方》講談社
- バンシー・ナジー、ジェフ・タフ(2012)〈イノベーション戦略の70:20:10の法則〉《ハーバード・ビジネス・レビュー》2012年8月号　ダイヤモンド社
- ピーター・M・センゲ、野中郁次郎 他(2006)《出現する未来》(講談社BIZ)
- ピーター・M・センゲ(2011)《学習する組織_システム思考で未来を創造する》英治出版
- ビジャイ・ゴビンダラジャン 他(2012)《リバース・イノベーション》ダイヤモンド社
- ビジャイ・ゴビンダラジャン 他(2012)《イノベーションを実行する_挑戦的アイデアを実現するマネジメント》エヌティティ出版
- C・K・プラハラード(2010)《ネクスト・マーケット－〈貧困層〉を〈顧客〉に変える次世代ビジネス戦略》英治出版
- C・K・プラハラード(2013)《コ・イノベーション経営：価値共創の未来に向けて》東洋経済新報社
- ヘンリー・チェスブロウ(2004)《OPEN INNOVATION－ハーバード流イノベーション戦略のすべて》産能大出版部
- ポール・ホーケン 他(2001)《自然資本の経済〈成長の限界〉を突破する新産業革命》日本経済新聞社
- ポール・ポールマン〈ユニリーバCEOインタビュー：未来をつくるリーダーシップ〉《ハーバード・ビジネス・レビュー》2003年3月号　ダイヤモンド社
- マイケル・E・ポーター、マーク・R・クラマー(2003)〈競争優位のフィランソロピー〉《ハーバード・ビジネス・レビュー》2003年3月号　ダイヤモンド社
- マイケル・E・ポーター、マーク・R・クラマー(2006)〈共通価値の戦略〉《ハーバード・ビジネス・レビュー》2011年6月号　ダイヤモンド社
- マイケル・レイナー(2011)《The Innovator's Manifesto: Deliberate Disruption for Transformational Growth》Crown Business

- A・G・ラフリー 他(2009)《ゲームの変革者―イノベーションで収益を伸ばす》日本経済新聞出版社
- ラリー・キーリー 他(2014)《ビジネスモデル・イノベーションブレークスルーを起こすフレームワーク10》朝日新聞出版
- リヒャード・フロリダ(2010)《クリエイティブ都市経済論―地域活性化の条件》日本評論社
- レスリー・R・クラッチフィールド 他(2012)《世界を変える偉大なNPOの条件》ダイヤモンド社
- ロバート・C・ウォルコット 他(2010)《社内起業成長戦略―連続的イノベーションで強い企業を目指せ》日本経済新聞出版社
- ロン・アドナー(2013)《ワイドレンズ：成功できなかったイノベーションの死角》東洋経済新報社
- デロイトトーマツコンサルティング(2012)〈グローバル経営戦略2013〉《Think!別冊》No.5 東洋経済新報社
- デロイトトーマツコンサルティング(2013)《アジアヘッドクォーター特区が日本を変える―東京発のイノベーション戦略を描け―》プログレス

웹 사이트

- エムレビュー〈Anti-aging Science〉Vol.3 No.1, 10-13, 2011
  http://med.m-review.co.jp/magazine/detail1/M54_3_1_10-13.html
- 経済産業省 産業構造審議会 通商政策部会〈新興国市場開拓に関する課題と対応〉
  http://www.meti.go.jp/committee/summary/0003410/pdf/report_001_02_02.pdf
- 経済産業省 イノベーションエコシステム研究会〈日本の強みを活かした元気の出るイノベーションエコシステム構築に向けて〉
  http://www.meti.go.jp/policy/economy/gijutsu_kakushin/kenkyu_kaihatu/20fy-pj/
- 社団法人 Japan Innovation Network (JIN)
  http://ji-network.org/
- 日本経済新聞 Web 刊〈多国籍企業、ブラジルに相次ぎ研究開発拠点 油田開発にらみ〉(2011/5/2)
  http://www.nikkei.com/article/DGXNASGM0200X_S1A500C1EB2000/
- 日本経済新聞 Web 刊〈米GE、日本で先端医療機器を開発世界に販売〉(2013/6/8)
  http://www.nikkei.com/article/DGXNASDD070EB_X00C13A6TJ0000/

- 日経ビジネスオンライン〈狙うは"50億人中間層"〉(2014/1/20)

  http://business.nikkeibp.co.jp/article/report/20140117/258409/?rt=nocnt
- 日経ビジネスオンライン〈三井物産のイノベーションスピリット〉

  http://special.nikkeibp.co.jp/as/201307/mitsuibussan/vol3/02.html
- 東洋経済オンライン〈サムスンを超えるIBMの人材育成〉(2013/1/10)

  http://toyokeizai.net/articles/-/12429?page=4
- CNN〈Brain implants: Restoring memory with a microchip〉(2013/5/8)

  http://edition.cnn.com/2013/05/07/tech/brain-memory-implants-humans/
- 全米競争力評議会(Council on Competitiveness) 〈Innovate America : Thriving in a

  World of Challenge and Change(2005/5)

  http://www.compete.org/publications/detail/202/innovate-america/
- ECOSOC(国際連合経済社会理事会)

  http://www.un.org/en/ecosoc/
- 欧州責任投資フォーラム(Eurosif)

  http://www.eurosif.org/
- Financial Times 〈GE gambling on green〉 (2005/5/8)

  http://www.amityshlaes.com/articles/2005/2005-05-08.php
- GE エコマジネーション

  http://www.ge.com/about-us/ecomagination
- グローバルジャーナル Top100 NGOs

  http://theglobaljournal.net/top100NGOs/
- グローバル・サステナブル・インベストメント・アライアンス(GSIA) Global Sustainable

  Investment Review 2012》 http://www.gsi-alliance.org/
- Google Project Loon

  http://www.google.com/loon/
- IDC〈膨張し続けるデジタル宇宙〉(EMCコーポレーション)

  http://japan.emc.com/collateral/analyst-reports/digital-universe.pdf
- Invest in Israel

  Http://www.investinisrael.gov.il/
- 国際社会保障協会(ISSA)〈ソーシャル・ポリシー・ハイライト〉(2011/2)

  https://www.issa.int/

- 日本社会的責任投資フォーラム(JSIF)

  http://www.jsif.jp.net/

- Solve for X

  https://www.solverforx.com/

- ザ・サステナビリティ・コンソーシアム(TSC)

  http://www.sustainablilityconsortium.org/

- 米国気候行動パートナーシップ(USCAP)

  http://www.us-cap.org/

- 米国社会的責任投資フォーラム(USSIF)

  http://www.ussif.org/

- ウォルマート　サステナビリティインデックス

  http://corporate.walmart.com/global-responsibility/environment-sustainability

- WWF〈ザ・ウォーター・リスク・フィルター〉

  http://waterriskfilter.panda.org/

- デロイトトウシュトーマツリミテッド〈ミレニアル・サーベイ2013 (2013/1)

  http://www2.deloitte.com/global/en/pages/about-deloitte/articles/millennial-
  survey-positive-impace.html

- デロイトトーマツコンサルティング〈日本企業のイノベーション実態調査2012 (2013/1)

  http://www.tohmatsu.com/dtc/press/innovation/

- デロイトトーマツコンサルティング〈コーポレートベンチャリング 2.0 のススメ〉
  (2012/7~2012/10 連載)

  http://www.tohmatsu.com/next/CV/

- デロイトトーマツコンサルティング〈骨太な新事業創造に向けて社会課題解決型イノ
  ベーション力の強化を急げ〉(2013/05~2013/11 連載)

  http://www.tohmatsu.com/next/innovation/

- デロイトトーマツコンサルティング〈巨大なグローバルアグリ市場に対峙する日本の農
  業・食産業のいま〉(2013/12~2014/2 連載)

  http://www.tohmatsu.com/next/agri/

- デロイトトーマツコンサルティング〈グローバルで拡大を続ける巨大市場"イスラームマ
  ーケット"の攻略を急げ〉(2014/4~2014/5 連載))

  http://www.tohmatsu.com/next/halal/

　자연계에는 다양한 생물들이 외부의 공격에서 살아남기 위해 사슬 모양의 네트워크를 이루고 있습니다. 이런 생태계를 관찰한 사회과학자들은 오늘날 변화된 기업 환경을 '기업 생태계'라고 부르게 되었습니다. 최근 글로벌 기업 환경은 인터넷과 스마트폰으로 상징되는 ICT 기술의 발전과 융합화로 급변했습니다. 이러한 기업 생태계에서 살아남기 위해 기업도 생물과 마찬가지로 네트워크 간 협력을 중요하게 여겨야 하는 시대를 맞이하고 있습니다.

　1980년대 후반까지 우리나라의 기업 환경에서는 자본, 노동, 기술 등 투입된 생산 요소가 기업의 가치를 결정지었습니다. 당시 기업은 이윤 극대화를 가장 큰 가치로 두고 제품 가격을 통해 기업의 경쟁력을 유지했습니다. 생산과 소비가 단순한 경제 구조였습니다. 그러나 세계화가 진행되던 1990년대부터 지식, 인재, 정보 등 무형 자원을 기반으로 하는 요소가 기업 경쟁력의 결정 요소로 추가되었습니다.

당시의 패러다임은 '기업의 이익이 곧 사회의 이익(Good for business = Good for society)'이라는 관계로 설명할 수 있습니다. 기업의 매출이 늘어나면 종업원에게 주는 급여, 국가에 내는 세금, 배당을 통한 주주 가치 상승 등이 이어지니, 우리 사회에 긍정적으로 작용하게 되는 것이지요. 최근까지 우리나라는 대기업 주도하에 경제 성장을 이루어 왔습니다. 대기업들은 고용을 증대하고 투자를 계속하는 방향으로 국가에 기여했고, 세금을 납부함으로써 국민 경제에 크게 이바지하였습니다. 바로 기업의 경쟁력 유지를 위한 이윤 창출이 사회에 공헌하던 시대였습니다.

그러나 이러한 상관관계는 점차 약화되고 있습니다. 글로벌 경쟁이 격화되는 동시에 경제는 통합을 향해 가고 있습니다. 그리고 그 결과 기업 간 경제 양극화 현상이 심화되었습니다. 이것은 개별 국가 차원이 아니라 전 세계적으로 일어나는 현상으로, 일부 대기업들의 이윤 증대가 곧 사회 전체의 부의 증대로 직결되지는 않는 경우가 늘고 있습니다. 과거에는 기업들이 경제적 책임만을 부담했지만, 현재는 사회적 요구에 따라 기업이 보유한 핵심 역량을 사회 발전을 위해 발휘할 것을 요구받고 있습니다.

이에 대응하기 위한 개념으로 등장한 것이 '기업의 사회적 책임'입니다. CSR은 기업이 사회와 떨어져 생존할 수는 없으므로, 기업이 사회로부터 받은 혜택으로 성장한 만큼 사회에 돌려주어야 한다는 개념입니다. 기업의 사회적 책임은 사회적 영향력이 커지면서 법적·경제적·윤리적 책임을 포괄하는 개념으로 발전해 왔습니다.

경제 위기 이후 '월가 점령 시위(Occupy Wall Street)'가 일어났습니다. 상위 1%의 사람들이 대부분의 부를 소유하는 현상에 반대하는 운동이었습니다. 부의 소유에 대한 사람들의 인식이 달라진 것입니다. 이처럼 변화된 기업 환경은 새로운 기업 행동을 요구하고 있습니다.

기업 환경이 급변한 요인으로는 2가지를 들 수 있습니다.

첫 번째는 미디어의 발달입니다. 예전과 달리 현재는 사회에서 발생하는 일들을 거의 실시간으로 정확하게 전달할 수 있습니다. 사회 문제에 대한 투명성이 높아져, 기업이 단순하게 이윤 추구만을 위해 비도덕적 행동을 하지 못하도록 감시받고 있는 상황입니다.

두 번째는 기업들이 중요한 사회적 이슈들의 중심에 놓인 경우가 많아지고 있다는 점입니다. 기후 변화가 심화되면서 환경 오염에 대한 인식 변화가 일어나, 기업들이 생산 과정에서 친환경 체제를 갖추도록 요구받고 있습니다. 또한 소득 양극화 같은 문제에 있어서도 기업의 단순한 기부를 넘어서 나눔과 배려, 소통과 공감, 공유와 상생의 새로운 가치를 추구하자는 새로운 흐름이 나타나고 있습니다.

변화된 시대에 맞는 기업의 행동 양식은 이렇듯 공유 가치 창출에서 찾을 수 있습니다. 기업은 사회적 책임에서 한걸음 더 나아가 기업과 사회가 동반 성장할 수 있는 가치를 공유해야 하는 시대적 요청을 받고 있습니다.

CSV가 CSR과 다른 점은 CSR이 사회 공헌과 같은 선행에 머물고 있는 반면, CSV는 사회에 공헌하는 활동을 통해서 매출과 이익을 증대시키고, 사회의 문제를 기업의 경제적인 가치 창출 활동과 일체화(integrated)한다는 점입니다. CSV의 개념을 정리한 마이클 포터 교수는 CSV가 기업의 혁신을 통해 사회 문제를 적극적으로 해결하는 동시에 경제적·사회적 가치를 높이는 전략이라고 강조합니다. 따라서 CSR보다 CSV는 더욱 적극적인 개념입니다.

본서는 '어떻게 하면 시장의 변화를 스스로 리드하는 기업으로 진화시킬 수 있을까?' 하는 고민에서 출발했습니다. 특히 일본의 기업 사례를 연구해, 일본 기업의 이노베이션 역량 실태를 분석하고, 역량을 제고하기 위한 방향을 제시하고 있습니다. 저자에 따르면 세계적으로 심각한 사회 문제가 대두된 환경에서 이노베이션이야말로 구조적 문제를 해결할 수 있는 원천이 될 것이라 강조하고 있습니다. 이를 위한 구체적인 전략으로 새로운 사회 문제를 통해 대규모 시장을 발굴하는 것과, 오픈 이노베이션의 중요성을 강조합니다. 즉, 오픈 이노베이션을 통해 CSV 확산을 위한 메커니즘을 시스템화하는 전략인 것입니다.

이제 시선을 국내로 돌려 봅시다. CSV와 이노베이션을 위한 구체적 실천 방향은 동반성장에서 찾을 수 있습니다. 기업 생태계가 변화된 스마트 파워 시대에서 기업이 경쟁력을 확보하려면 기술뿐만 아니라 혁신과 협력, 기회의 공유, 역할 분담, 나눔과 배려의 문화를 필수적으로 갖추어야 합니다. 학자들은 이를 '사회적 자본(social capital)'이라고 부릅니다. 이것이 바탕이 되면 기업에 대한 사회의 신뢰와 공감이 쌓이게 됩니다.

오늘날 기업 환경은 납품 가격 인하, 하도급 관행에 따른 불공정 거래 등을 통해 가격 경쟁력을 유지하는 시대와는 달라졌습니다. 시장에서는 기업의 자원과 전문 지식을 이용하여 경제적·사회적 가치를 동시에 추구하는 이노베이션을 요구하고 있습니다.

CSV를 통한 이노베이션을 위해서는 먼저 대기업이 스마트 리더가 되어야 합니다. 기업 생태계에 알맞은 스마트 리더는 가격 경쟁력에만 의존할 것이 아니라 네트워킹을 통한 협력 사슬을 구축해야만 합니다. 여기서 말하는 스마트 리더는 협력 업체들에 좋은 조건을 제시하면서 이들을 감동시켜, 결국 자사의 경쟁력을 키워 나가는 기업을 뜻합니다. 단순히 착한 기업이 아니라, 선한 동시에 자신도 성장하는 상생의 비법을 발굴해 나가는 기업입니다. 이것이 바로 CSV가 요구하는 조건입니다.

다음, 협력 중소기업의 태도 변화도 중요합니다. 협력 업체는 더 이상 지원의 대상이 아니라 역량 있는 파트너로 성장해야 합니다. 기술력이 뒷받침되지 않는 협력 업체는 장기적으로 대기업과의 협력 관계를 유지할 수 없습니다. 독자적인 기술은 협력 업체의 중요한 덕목이라고 하겠습니다. 따라서 이노베이션의 주체가 되어야 함은 물론입니다.

오늘날 세계적인 대기업들도 독자적인 가치 사슬만으로는 생존이 불가능한 변화의 시대에서 살고 있습니다. 기업의 경쟁력이 이 '협력 중소기업들과의 네트워크를 얼마나 효율적으로 형성하여 공유 가치를 창출할 수 있는가?'에 따라 결정되는 시대를 맞고 있습니다. 이제 기업은 사회적 책임에 충실하기 위한 선행을 넘어, 공유 가치 창출을 통해 경쟁력을 높이는 CSV에 충실해야 할 것입니다. 그래야만 아름답고 사랑받는 기업으로 새롭게 태어날 수 있습니다.

이 책은 변화된 기업 생태계에서 CSV의 필요성을 강조하고, 그것을 구체적으로 실천할 방향으로 오픈 이노베이션을 제시하고 있습니다. 본서가 나오기까지 아낌없이 격려해 주신 안충영 동반성장위원장님께 감사드립니다. 또한 CSV 소사이어티를 이끌어 주신 박흥수, 이장우, 임채운, 유창조 경영학회장님께도 심심한 감사의 말씀을 드립니다. 아울러 흔쾌히 추천사를 써 주신 숙명여대 경영학부 이형오 교수님, 《매일경제》 박재현 전무님, 그리고 책이 발간되기까지 아낌없는 조언과 도움을 주신 동반성장위원회 김영우 전문위원님께도 깊은 감사의 마음을 전하고자 합니다.

옮긴이 이면헌

하버드 대학 마이클 포터 교수의 '공유 가치 창출' 경영

CSV 이노베이션

2020년 10월 15일 1판 2쇄

지은이 후지이 다케시
옮긴이 이면헌
펴낸이 김철종
인쇄제작 정민문화사

펴낸곳 (주)한언
출판등록 1983년 9월 30일 제1-128호
주소 03146 서울시 종로구 삼일대로 453(경운동) 2층
전화번호 02)701-6911 **팩스번호** 02)701-4449
전자우편 haneon@haneon.com **홈페이지** www.haneon.com

ISBN 978-89-5596-765-4 13320

* 이 책의 무단전재 및 복제를 금합니다.
* 책값은 뒤표지에 표시되어 있습니다.
* 잘못 만들어진 책은 구입하신 서점에서 바꾸어 드립니다.

이 도서의 국립중앙도서관 출판예정도서목록(CIP)은 서지정보유통지원시스템 홈페이지(http://seoji.nl.go.kr)와
국가자료공동목록시스템(http://www.nl.go.kr/kolisnet)에서 이용하실 수 있습니다.(CIP제어번호: CIP2016015536)

Our Mission   – 우리는 새로운 지식을 창출, 전파하여 전 인류가 이를 공유케 함으로써 인류 문화의 발전과 행복에 이바지한다.

– 우리는 끊임없이 학습하는 조직으로서 자신과 조직의 발전을 위해 쉼 없이 노력하며, 궁극적으로는 세계적 콘텐츠 그룹을 지향한다.

– 우리는 정신적, 물질적으로 최고 수준의 복지를 실현하기 위해 노력하며, 명실공히 초일류 사원들의 집합체로서 부끄럼 없이 행동한다.

Our Vision   한언은 콘텐츠 기업의 선도적 성공 모델이 된다.

저희 한언인들은 위와 같은 사명을 항상 가슴속에 간직하고
좋은 책을 만들기 위해 최선을 다하고 있습니다.
독자 여러분의 아낌없는 충고와 격려를 부탁드립니다.
• 한언 가족 •

HanEon's Mission statement

Our Mission   – We create and broadcast new knowledge for the advancement and happiness of the whole human race.

– We do our best to improve ourselves and the organization, with the ultimate goal of striving to be the best content group in the world.

– We try to realize the highest quality of welfare system in both mental and physical ways and we behave in a manner that reflects our mission as proud members of HanEon Community.

Our Vision   HanEon will be the leading Success Model of the content group.